DETLEF MERTEN

Zum Selbstverwaltungsrecht Kassenärztlicher Vereinigungen

Schriften zum Sozial- und Arbeitsrecht

Band 138

Zum Selbstverwaltungsrecht Kassenärztlicher Vereinigungen

Probleme der Vergütung hauptamtlicher und der Entschädigung ehrenamtlicher Tätigkeit

Von

Univ.-Prof. Dr. Dr. Detlef Merten

Duncker & Humblot · Berlin

Die Deutsche Bibliothek – CIP-Einheitsaufnahme

Merten, Detlef:
Zum Selbstverwaltungsrecht Kassenärztlicher Vereinigungen : Probleme der Vergütung hauptamtlicher und der Entschädigung ehrenamtlicher Tätigkeit / von Detlef Merten. – Berlin : Duncker und Humblot, 1995
(Schriften zum Sozial- und Arbeitsrecht ; Bd. 138)
ISBN 3-428-08363-6
NE: GT

Fremddatenübernahme und Druck:
Berliner Buchdruckerei Union GmbH, Berlin
Printed in Germany

ISSN 0582-0227
ISBN 3-428-08363-6

Vorwort

Wird Selbstverwaltung als Freiraum bürgerlicher Mitwirkung und Mitverantwortung generell von einem sich verdichtenden Netz staatlicher Normen eingeschnürt, so läßt speziell im Krankenversicherungsrecht staatliche Hyperreglementierung den Selbstverwaltungsorganen nur noch geringen Gestaltungs- und Entscheidungsspielraum. Das trifft auch die Kassenärztlichen Vereinigungen, die ungeachtet ihres Charakters als Körperschaften des öffentlichen Rechts nicht nur Teil der Staatsverwaltung sind, sondern ihrer überkommenen Aufgabe entsprechend auch die Rechte und Interessen ihrer Mitglieder zu wahren haben. Einerseits nur der Rechtsaufsicht unterstellt, müssen sie andererseits die ihnen obliegenden Aufgaben unter Berücksichtigung der Grundsätze der Wirtschaftlichkeit und Sparsamkeit erfüllen, was sich auch auf die Vergütung hauptamtlicher und die Entschädigung ehrenamtlicher Tätigkeit bezieht. Die Abgrenzung der Einschätzungs- und Beurteilungsprärogative Kassenärztlicher Vereinigungen von staatlicher Wirtschaftlichkeitsaufsicht, die sich nicht als Fachaufsicht gerieren darf, ist das Anliegen vorliegender Untersuchung, die aus einem 1994 für die Kassenärztliche Vereinigung Westfalen-Lippe erstellten Rechtsgutachten hervorgegangen ist.

Speyer, im März 1995 *Detlef Merten*

Inhalt

A. Rechtsstellung, Aufgaben und Finanzierung Kassenärztlicher Vereinigungen

I. Grundsätzliches

Die Kassenärztlichen Vereinigungen auf Landes- bzw. auf Bundesebene haben gemäß § 75 Abs. 1 SGB V die vertragsärztliche Versorgung in dem in § 73 Abs. 2 SGB V näher bezeichneten Umfang sicherzustellen (Sicherstellungsauftrag) und den Krankenkassen und deren Verbänden gegenüber die Gewähr dafür zu übernehmen, daß die vertragsärztliche Versorgung den gesetzlichen und vertraglichen Erfordernissen entspricht, wobei auch ein ausreichender Notdienst vorgehalten werden muß (Gewährleistungspflicht)[1]. Darüber hinaus müssen sie die Rechte der Vertragsärzte gegenüber den Krankenkassen wahrnehmen, die Ärzte zur Erfüllung der ihnen obliegenden Pflichten anhalten und diese Pflichterfüllung überwachen (§ 75 Abs. 2 SGB V).

Die Kassenärztlichen Vereinigungen werden gemäß § 77 Abs. 1 SGV V von den Vertragsärzten grundsätzlich für den Bereich jedes Landes gebildet. Die Vertragsärzte sind zwangsweise eingegliedert[2] und befinden sich in einem öffentlich-rechtlichen Mitgliedschaftsverhältnis („Gewaltverhältnis“[3]). Ordentliche Mitglieder der Kassenärztlichen Vereinigungen sind die in deren Bereich zugelassenen Ärzte; außerordentliche Mitglieder die in das Ärzteregister eingetragenen nichtzugelassenen Ärzte (§ 77 Abs. 3 SGB V).

Die Kassenärztlichen Vereinigungen sind gemäß § 77 Abs. 5 SGB V Körperschaften des öffentlichen Rechts mit Vertreterversammlung und Vorstand als Selbstverwaltungsorganen (§ 79 Abs. 1 SGB V). Die Aufsicht über sie führen die für die Sozialversicherung zuständigen obersten Verwaltungsbehörden der Länder (§ 78 Abs. 1 SGB V).

II. Finanzierung der Aufgaben

Die Aufgaben der Kassenärztlichen Vereinigungen werden weder aus Versicherungsbeiträgen noch aus Steuern finanziert. Zwar sind gemäß § 220 Abs. 1 Satz 1 SGB V die „Mittel für die Krankenversicherung“ außer durch sonstige Einnahmen

---

1 Vgl. *Jörg*, Das neue Kassenarztrecht, RN 39 ff. und 57 ff.

2 Zur Verfassungsmäßigkeit vgl. *BVerfGE 10*, 89 (102); *10*, 354 (361 ff.); *15*, 235 (239).

3 *BSGE 11*, 1 (7); vgl. auch *Bley/Kreikebohm*, Sozialrecht, RN 649.

in erster Linie durch Beiträge aufzubringen. Die Kassenärztlichen Vereinigungen sind auch wegen ihres Sicherstellungsauftrags und ihrer sonstigen Pflichten nach § 75 SGB V elementarer Teil der „Krankenversicherung“ im Sinne des Sozialgesetzbuchs. Dennoch ist § 220 Abs. 1 Satz 1 SGB V nicht auf Kassenärztliche Vereinigungen anwendbar, weil der Normzweck eine restriktive Interpretation des zu weiten und ungenauen Normwortlauts erfordert.

Der Regelungszusammenhang macht deutlich, daß die Vorschrift nur die Aufbringung der Mittel für die *Krankenkassen*, nicht für die *Krankenversicherung* insgesamt normieren will. Insoweit stimmt § 220 Abs. 1 Satz 1 SGB V, wenn man die „sonstigen Einnahmen“ vernachlässigt, mit § 3 Satz 1 SGB V überein, wonach die Leistungen und sonstigen Ausgaben der Krankenkassen durch Beiträge finanziert werden.

Stehen für die Aufgabenerfüllung der Kassenärztlichen Vereinigungen somit keine Versicherungsbeiträge zur Verfügung, so verbleibt nur eine Finanzierung durch die Mitglieder in der Form einer Verwaltungskostenumlage[4]. Diese „Verwaltungskostenanteile“ bestehen in einem Vomhundertsatz der dem Vertragsarzt zustehenden Vergütung. Die Höhe dieses Vomhundertsatzes beschließt die Vertreterversammlung.

---

[4] Vgl. *Hess*, in: Kasseler Kommentar, § 81 SGB V RN 11.

B. Entschädigung für ehrenamtliche Tätigkeit

I. Fehlende spezialgesetzliche Regelungen

Im Fünften Buch Sozialgesetzbuch finden sich keine speziellen Regelungen über die Entschädigung bzw. Vergütung für hauptamtliche oder ehrenamtliche Tätigkeiten im Rahmen der Kassenärztlichen Vereinigungen. Vielmehr beschränkt sich der Zweite Titel („Kassenärztliche und Kassenzahnärztliche Vereinigungen") des Zweiten Abschnitts („Beziehungen zu Ärzten und Zahnärzten") des Vierten Kapitels („Beziehungen der Krankenkassen zu den Leistungserbringern") in seinem § 79 Abs. 1 auf die Festlegung einer „Vertreterversammlung" und eines „Vorstands" als „Selbstverwaltungsorgane". Bereits die Normierung der Zahl der Mitglieder der Vertreterversammlungen sowie der Anzahl der Vorstandsmitglieder wird gemäß § 79 Abs. 2 bis 3 Satzungsregelungen überlassen.

Allerdings enthält das Vierte Buch Sozialgesetzbuch („Gemeinsame Vorschriften für die Sozialversicherung"), das gemäß seinem § 1 Abs. 1 ausdrücklich auch für die gesetzliche Krankenversicherung gilt, in seinem Vierten Abschnitt („Träger der Sozialversicherung") Bestimmungen über „Ehrenämter", „Entschädigung der ehrenamtlich Tätigen" sowie „Haftung" (§§ 40 ff. SGB IV). Diese Vorschriften sind dem Gesetzgeber des Fünften Buches Sozialgesetzbuch keineswegs fremd gewesen, wie § 79 Abs. 4 SGB V bezeugt. Dieser sieht vor, daß für die Haftung der Mitglieder der Selbstverwaltungsorgane der Kassenärztlichen Vereinigungen § 42 Abs. 1 bis 3 SGB IV entsprechend gilt.

Die ausdrückliche Bezugnahme lediglich auf § 42 Abs. 1 bis 3 SGB IV macht deutlich, daß nur diese Vorschrift, nicht aber die in Textzusammenhang stehenden Bestimmungen über Ehrenämter und Entschädigung für ehrenamtliche Tätigkeit für die Kassenärztlichen Vereinigungen gelten sollen. Da die Beschränkung der Geltungserstreckung auf § 42 Abs. 1 bis 3 SGB IV ersichtlich vom Gesetzgeber gewollt war, muß ein Umkehrschluß gezogen werden[5]. Wenn § 79 Abs. 4 SGB V die Geltungserstreckung sinngemäß *nur* auf § 42 Abs. 1 bis 3 SGB IV bezieht, kann sie nicht für andere Gesetzestatbestände gelten, auch wenn diese ähnlich oder vergleichbar sein sollten.

Damit scheidet auch eine analoge Anwendung der §§ 40f. SGB IV auf Kassenärztliche Vereinigungen aus. Denn Voraussetzung jeder analogen Gesetzesanwendung ist das Vorhandensein einer Gesetzeslücke[6].

---

5 Vgl. hierzu statt aller *Larenz*, Methodenlehre der Rechtswissenschaft, S. 390.

6 Vgl. *Larenz*, a.a.O., S. 381.

An einer Gesetzeslücke fehlt es aber, wenn das argumentum e contrario greift. Denn in diesem Fall ist eine planwidrige oder durch den Gesetzeszweck bedingte Unvollständigkeit der gesetzlichen Regelung zu verneinen[7].

Erst recht hat eine unmittelbare Anwendung der §§ 40f. SGB IV auf Kassenärztliche Vereinigungen auszuscheiden, weil die Bestimmungen – wie ihr Wortlaut (vgl. § 41 Abs. 1 und Abs. 2 SGB IV) sowie die Abschnittsüberschrift („Träger der Sozialversicherung") verdeutlichen – nur für Versicherungsträger gelten. Kassenärztliche Vereinigungen sind jedoch keine Träger der Sozialversicherung im Sinne des § 29 Abs. 1 SGB IV, auch wenn sie mit Aufgaben auf dem Gebiete der Sozialversicherung betraut sind[8]. Unabhängig davon müßte wegen des Spezialitätsverhältnisses zwischen § 79 Abs. 4 SGB V und § 1 Abs. 1 SGB IV erstere Vorschrift immer den Vorrang haben.

Zwischenergebnis: Dem Sozialversicherungsrecht fehlen ausdrückliche Regelungen über die Vergütung ehrenamtlicher Tätigkeit bei Kassenärztlichen Vereinigungen. Die Regelungen der §§ 40f. SGB IV über Ehrenämter und Entschädigung für ehrenamtliche Tätigkeit sind ungeachtet des § 1 Abs. 1 SGB IV nicht anwendbar, weil sich die Bestimmungen kraft Gesetzeswortlauts und systematischen Zusammenhangs nur auf Sozialversicherungsträger beziehen, zu denen die Kassenärztlichen Vereinigungen nicht gehören. Eine analoge Gesetzesanwendung scheidet schon deshalb aus, weil es an einer Gesetzeslücke fehlt. § 79 Abs. 4 SGB V macht deutlich, daß der Gesetzgeber für die Kassenärztlichen Vereinigungen lediglich § 42 Abs. 1 bis 3 SGB IV hinsichtlich der Organhaftung übernehmen wollte, so daß im Wege des Umkehrschlusses eine Anwendbarkeit der §§ 40f. SGB IV ausscheidet.

II. Ehrenamtlichkeit und Entschädigung

1. Zum Begriff des Ehrenamts

Als Ehrenamt wird gemeinhin ein öffentliches Amt bezeichnet, das unentgeltlich wahrgenommen wird[9]. Dementsprechend sind Ehrenbeamte solche Beamte, die ehrenamtlich und nicht hauptberuflich bestimmte Aufgaben wahrnehmen und weder Dienstbezüge noch Versorgung, sondern lediglich Unfallfürsorge sowie Auslagenersatz, Verdienstausfall- und gegebenenfalls Aufwandsentschädigung erhalten[10].

---

7 *Larenz*, a.a.O., S. 390; ferner *Canaris*, Die Feststellung von Lücken im Gesetz, S. 44ff.

8 Vgl. statt aller *Krause*, in: Gleitze/Krause/von Maydell/Merten, GK-SGB IV, § 29 RN 21, S. 427.

9 So *Creifelds*, Rechtswörterbuch, S. 322; vgl. auch Münchener Rechtslexikon Bd. I, S. 959.

10 Vgl. §§ 5 Abs. 3, 177 Bundesbeamtengesetz (BBG); § 115 Abs. 2 Beamtenrechtsrahmengesetz (BRRG); § 68 Beamtenversorgungsgesetz; ferner *Stober*, Der Ehrenbeamte in

Die Prozeßgesetze kennen ferner ehrenamtliche Richter, z. B. den Schöffen (§ 31 GVG) oder den ehrenamtlichen Verwaltungsrichter (§§ 19ff. VwGO). Darüber hinaus kennt die Rechtsordnung eine Vielzahl ehrenamtlicher Tätigkeiten, zu deren Übernahme der Staatsbürger vielfach sogar verpflichtet ist[11].

Als charakteristische und miteinander korrelierende Merkmale ehrenamtlicher Tätigkeit werden *Nebenberuflichkeit* und *Unentgeltlichkeit* genannt.

a) Nebenberuflichkeit

Umschreibt man „Beruf" als eine nicht nur vorübergehende, sondern auf Dauer berechnete und grundsätzlich der Schaffung und Erhaltung einer Lebensgrundlage dienende Betätigung[12], so fehlen Ehrenamt und ehrenamtlicher Tätigkeit grundsätzlich die Begriffsmerkmale der Dauerhaftigkeit der Tätigkeit und der Existenzsicherung. Denn Ehrenämter werden meist, wie z. B. beim ehrenamtlichen Bürgermeister im Kommunalrecht („Wochenendbürgermeister"), auf Grund von Wahlen für eine bestimmte Zeitperiode vergeben. Dasselbe gilt für ehrenamtliche Tätigkeiten, die bisweilen auch ihrer Natur nach, wie z. B. bei der Wahlhelferpflicht, zeitlich begrenzt sind. Fehlt ehrenamtlicher Tätigkeit regelmäßig die Dauerhaftigkeit, so kann sie auch nicht der Schaffung und Erhaltung einer Lebensgrundlage dienen. Ehrenamtliche Tätigkeit ist daher grundsätzlich keine hauptberufliche, sondern nebenberufliche Tätigkeit, auch wenn diese ebenfalls durch Art. 12 Abs. 1 GG geschützt ist[13].

So ist im Beamtenrecht zwischen Berufsbeamten einerseits und Ehrenbeamten andererseits zu unterscheiden[14], wobei letztere nicht einmal zum öffentlichen Dienst gehören[15].

Da der Ehrenbeamte dem Hauptberuflichkeitsprinzip[16] und dem Hingabeprinzip[17] nicht entspricht, ist er nur dem Titel, nicht aber der Sache nach Beamter, weshalb auch ein Ehrenbeamtenverhältnis nicht in ein Beamtenverhältnis anderer Art oder umgekehrt umgewandelt werden darf[18].

Verfassung und Verwaltung, passim, insbes. S. 12ff., 36f.; *Merten*, Das Recht des öffentlichen Dienstes in Deutschland, S. 213.

11 Vgl. die Zusammenstellung bei *Merten*, Die negative Garantiefunktion der verfassungsrechtlichen Berufs- und Ausbildungsfreiheit, in: Mensch und Arbeitswelt, Festschrift für Josef Stingl, S. 290.

12 So *Scholz*, in: Maunz/Dürig, GG, Art. 12 RN 18; siehe ferner *BVerfGE 7*, 377 (397); *50*, 290 (362); *81*, 242 (254).

13 Statt aller *Scholz*, in: Maunz/Dürig, GG, Art. 12 RN 20, 72, 92, 203f., 280.

14 So ausdrücklich Art. 125 rh.-pf. Verf.

15 So *BVerfGE 6*, 376 (385).

16 Vgl. *BVerfGE 9*, 268 (286); *21*, 329 (345); *39*, 196 (201); *44*, 249 (265); *70*, 251 (266); *71*, 255 (268).

17 Vgl. *BVerwGE 14*, 21 (24); *BVerfGE 76*, 256 (341).

Nur weil die ehrenamtliche Tätigkeit grundsätzlich keine (haupt-)berufliche Tätigkeit darstellt, verstößt die gesetzlich, teilweise auch landesverfassungsgesetzlich[19] geregelte Pflicht zur Übernahme von Ehrenämtern nicht gegen Art. 12 Abs. 1 GG[20].

b) Unentgeltlichkeit

Da die ehrenamtliche Inanspruchnahme zu keiner hauptberuflichen Tätigkeit führt, muß sie auch nicht die Lebensgrundlage sichern. Nur aus diesem Grunde ist es gerechtfertigt, Ehrenbeamten trotz der Alimentationsverpflichtung des Dienstherrn als eines hergebrachten Grundsatzes des Berufsbeamtentums[21] keine Dienstbezüge und keine Versorgung zu gewähren (§ 115 Abs. 2 Satz 1 BRRG).

In ähnlicher Weise darf dem einzelnen die unentgeltliche Wahrnehmung ehrenamtlicher Pflichten nur auferlegt werden, solange dies nicht das Ausmaß einer beruflichen Inanspruchnahme annimmt. Anderenfalls ist der Grundsatz der Unentgeltlichkeit weder mit Art. 12 Abs. 1 GG noch mit dem Gleichheitssatz des Art. 3 Abs. 1 GG vereinbar[22].

Werden beispielsweise Rechtsanwälte in großem Umfang mit Vormundschaften und Pflegschaften betraut (Anwaltsvormund), „dann erweist es sich als übermäßige, durch keine Gründe des Gemeinwohls gerechtfertigte Einschränkung der freien Berufsausübung, den derart Belasteten eine angemessene Entschädigung für ihre Inanspruchnahme vorzuenthalten“[23].

Ohnehin muß zwischen der umgangssprachlichen und der zivilrechtlichen Bedeutung der „Unentgeltlichkeit“ unterschieden werden. Nach Allgemeinem Schuldrecht ist eine Leistung dann Entgelt der Gegenleistung, wenn sie nach der Bewertung der Parteien deren Rechtfertigungsgrund abgibt: Jeder Vertragspartei ist die Leistung des anderen die eigene Leistung wert[24]. Verpflichtungsgeschäfte sind folglich unentgeltlich, wenn es nach dem Willen der Vertragsparteien an einer Gegenleistung fehlt[25]. Unentgeltlichkeit darf daher nicht ohne weiteres mit Ko-

---

18 Vgl. § 115 Abs. 3 BRRG; § 177 Abs. 1 Nr. 3 BBG; siehe auch *Stober*, Der Ehrenbeamte in Verfassung und Verwaltung, S. 12 ff.

19 Vgl. Art. 121 bayer. Verf.; Art. 7 berl. Verf.; Art. 9 brem. Verf.; Art. 173 hamb. Verf.; Art. 25f. hess. Verf.; Art. 21, 59 rh.-pf. Verf.; Art. 19, 49 schl.-holst. Verf.

20 Vgl. hierzu näher *Merten*, Stingl-Festschrift, S. 290 f.

21 Vgl. *Merten*, Das Recht des öffentlichen Dienstes in Deutschland, S. 190 in und zu FN 77.

22 So *BVerfGE 54*, 251 (271).

23 So *BVerfG*, a.a.O..

24 *Blomeyer*, Allgemeines Schuldrecht, § 21 II 1, S. 105; *Medicus*, Schuldrecht I, Allgemeiner Teil, § 40 I 1, S. 214; eingehend *Oertmann*, Entgeltliche Geschäfte, passim, allerdings mit einer „freieren Auffassung vom Begriff der Entgeltlichkeit“ (S. 17).

25 So *Larenz*, Allgemeiner Teil des deutschen Bürgerlichen Rechts, § 18 II 3 e, S. 330.

stenlosigkeit gleichgesetzt werden. Dem Empfänger einer unentgeltlichen Leistung können nicht unerhebliche Kosten und Aufwendungen entstehen. Dennoch bleibt die Leistung unentgeltlich, wenn die Kostentragung oder die Übernahme der Aufwendungen nach dem Willen der Parteien nicht als äquivalente Gegenleistung angesehen wird. So ist die unentgeltliche Zuwendung eines Grundstücks auch dann Schenkung, wenn der Beschenkte die Zahlung der Beurkundungskosten übernimmt[26].

Die schuldrechtliche Auffassung vom Entgelt als einer äquivalenten Gegenleistung für die Leistung eines anderen liegt auch dem öffentlichen Recht zugrunde. Es geht davon aus, daß ehrenamtliche Tätigkeit nicht erbracht wird, um eine äquivalente Gegenleistung in Form von Entschädigung oder Aufwendungsersatz zu erhalten. Aus diesem Grunde bleibt die ehrenamtliche Leistung eine grundsätzlich unentgeltliche, und sollen mit der Entschädigung nur die mit der ehrenamtlichen Tätigkeit verbundenen „Beschwernisse und finanziellen Einbußen in bestimmtem Umfang" ausgeglichen werden[27].

Finanzielle Obergrenzen für Entschädigungen lassen sich aus dieser typisierenden Betrachtungsweise freilich nicht gewinnen. Auch das *Bundesverwaltungsgericht*[28] räumt ein, daß die Entschädigung, der „in einem weitgefaßten Sinne der Gedanke der Unkostenerstattung zugrunde"liege, „der Höhe auch einer Bezahlung für geleistete Tätigkeit angenähert" sein mag.

Entgegen den ursprünglich mit dem Begriff des Ehrenamtes verbundenen Vorstellungen ist die Zahlung einer Entschädigung „im Laufe der Zeit zu einer Selbstverständlichkeit geworden"[29]. Die Entschädigung für ehrenamtliche Tätigkeit wird heutzutage in einem gewissen Umfang auch als „eine Vergütung für Arbeitsleistung und Zeitversäumnis" betrachtet[30].

Das Sozialversicherungsrecht geht noch weiter. Gemäß § 539 Abs. 1 Nr. 13 RVO bezieht die Unfallversicherung in ihren Schutz die für den Staat oder eine juristische Person des öffentlichen Rechts „ehrenamtlich Tätigen" ein, „wenn ihnen nicht durch Gesetz eine laufende Entschädigung zur Sicherstellung ihres Lebensunterhalts gewährt wird". Daraus folgt, daß der Begriff der „ehrenamtlichen Tätigkeit" eine Entschädigung zur Sicherstellung des Lebensbedarfs nicht ausschließt. Eine derartige Entschädigung steht nicht dem Begriff der ehrenamtlichen Tätigkeit, sondern nur einem Versicherungsschutz nach § 539 Abs.1 Nr. 13 RVO entgegen[31].

---

26 So *Medicus*, Schuldrecht I, Allgemeiner Teil, S. 215.

27 So *BVerwG* Zeitschrift für Beamtenrecht 1980, S. 25 (26).

28 AaO.

29 So *Bayer.LSG*, Breithaupt 1959, S. 193 (195).

30 *Bayer.VGHE 28* (1975), S. 91 (92).

31 Ebenso *BSGE 39*, 24 (29).

Gerade § 539 Abs. 1 Nr. 13 RVO zeigt, daß die vielfach unbesehene Gleichsetzung von ehrenamtlicher mit unentgeltlicher Tätigkeit mißverständlich ist. Insbesondere bei umgangssprachlicher Verwendung der „Unentgeltlichkeit" als Kostenlosigkeit erfolgt ehrenamtliche Tätigkeit in der Regel nicht unentgeltlich in diesem Sinne. So sieht das *Bundesverfassungsgericht*[32] den „Grundsatz der Unentgeltlichkeit" der Vormundschaft bereits durch den Anspruch auf Aufwendungsersatz gemäß § 1835 BGB als durchbrochen an, obwohl der Aufwendungsersatz sicherlich kein „Entgelt" im schuldrechtlichen Sinne darstellt. Nur in diesem engeren juristischen Sinne kann Ehrenamtlichkeit deskriptiv als unentgeltliche, weil nicht auf eine äquivalente Gegenleistung gerichtete Tätigkeit verstanden werden, ohne daß sich aus dieser Beschreibung normative Konsequenzen ergeben.

Der Begriff der ehrenamtlichen Tätigkeit schließt also nicht zwingend Vergütungen oder Entschädigungen von einer gewissen Höhe an aus. Vielmehr machen derartige Vergütungen dann die grundsätzlich unentgeltliche Leistung zu einer entgeltlichen, ohne daß deshalb eine ehrenamtliche Wahrnehmung ausgeschlossen ist. Das zeigen auch die Regelungen des Bürgerlichen Gesetzbuchs über die Vormundschaft. Diese ist im Prinzip nach wie vor als ehrenamtlich konzipiert[33] und wird gemäß § 1836 Abs. 1 Satz 1 BGB unentgeltlich geführt. Dennoch kann das Vormundschaftsgericht dem Vormund eine angemessene Vergütung bewilligen, wodurch dann die Vormundschaft als Ehrenamt entgeltlich geführt wird[34].

2. „Ehrenamtliche Tätigkeit" als Satzungsbegriff

Kann aus dem Begriff der ehrenamtlichen Tätigkeit eine Grenze für Vergütungen nicht abgeleitet werden, so ist zusätzlich zu berücksichtigen, daß der Sozialgesetzgeber den Kassenärztlichen Vereinigungen eine ehrenamtliche Wahrnehmung der Selbstverwaltungsaufgaben nicht vorgeschrieben hat. Denn er hat, wie bereits ausgeführt, die für die Sozialversicherungsträger geltenden Bestimmungen über Ehrenämter und Entschädigung für ehrenamtliche Tätigkeit (§§ 40ff. SGB IV) nicht auf die Kassenärztlichen Vereinigungen erstreckt[35].

Die Qualifizierung der Tätigkeit in den Organen der Kassenärztlichen Vereinigung ist also nicht vorgegeben, sondern von dieser selbst gegeben. Nur auf Grund von Satzungsrecht ist die Tätigkeit in den Organen der Kassenärztlichen Vereinigungen ehrenamtlich.

„Ehrenamtliche Tätigkeit" im Bereich der Kassenärztlichen Vereinigungen ist somit kein Gesetzes-, sondern ein Satzungsbegriff. Hätte der Sozialgesetzgeber be-

32 *E 54*, 251 (267).

33 So *Palandt/Diederichsen*, BGB, § 1835 RN 2.

34 So auch *Palandt/Diederichsen*, a.a.O..

35 Siehe hierzu oben S. 11.

stimmte Tätigkeiten in den Kassenärztlichen Vereinigungen als ehrenamtlich ausweisen und die Entschädigung hierfür limitieren wollen, so hätte er in § 79 Abs. 4 SGB V nicht nur auf § 42 Abs. 1 bis 3 SGB IV, sondern auch auf §§ 40f. SGB IV Bezug nehmen können. Durch seine negative Entscheidung hat er die Regelung jedoch autonomer Rechtssetzung überlassen. Im Rahmen ihrer Satzungskompetenz sind die Kassenärztlichen Vereinigungen nunmehr frei, welche Tätigkeiten sie als ehrenamtlich ansehen und welche Entschädigungen sie gegebenfalls vorsehen wollen. Als Selbstverwaltungskörperschaft sind sie keineswegs gehalten, die für Sozialversicherungsträger geltenden Regelungen zu übernehmen.

Obwohl die Vertreterversammlungen die Satzungen der Kassenärztlichen Vereinigungen ändern können, sind sie bis zum Inkrafttreten einer derartigen Änderung an geltendes Satzungsrecht gebunden. Deshalb müssen sich Beschlüsse über Entschädigungsregelungen im Rahmen des Satzungsbegriffs der „ehrenamtlichen Tätigkeit" halten. Da der Begriff der ehrenamtlichen Tätigkeit, wie im einzelnen dargelegt, jedoch keine Unentgeltlichkeit im umgangssprachlichen Sinne heischt, schließt er eine laufende Entschädigung zur Sicherstellung des Lebensunterhalts (vgl. § 539 Abs. 1 Nr. 13 RVO) und sogar eine entgeltliche Amtsführung (vgl. § 1836 Abs. 1 BGB) nicht aus.

Auch der Satzungsbegriff der „Entschädigung" enthält als solcher keine Restriktionen, die schon begrifflich vergütungsähnliche Regelungen ausschließen. Zwar mag „Entschädigung" insbesondere in der Wortzusammensetzung „Aufwandsentschädigung" ursprünglich nur eine Leistung gemeint haben, die einen echten Aufwand abgelten sollte, ohne ein Arbeitsentgelt darzustellen. Dem heutigen Gesetzesgebrauch ist jedoch eine schon aus dem Begriff folgende Inhaltsbegrenzung fremd, so daß es für die Abgrenzung von Aufwandsentschädigung im engeren Sinne und einer Aufwandsentschädigung im weiteren Sinne mit vergütungsähnlichem Charakter auf andere Kriterien ankommt. So stellt beispielsweise § 3 Nr. 12 Satz 2 EinkommensteuerG „Aufwandsentschädigung(en) aus öffentlichen Kassen an öffentliche Dienste leistende Personen" steuerfrei, soweit nicht festgestellt wird, daß sie „für Verdienstausfall oder Zeitverlust gewährt werden oder den Aufwand, der dem Empfänger erwächst, offenbar übersteigen"[36]. Damit erkennt das Gesetz ausdrücklich an, daß unter dem Begriff „Aufwandsentschädigung"aus öffentlichen Kassen Leistungen erbracht werden, die als Entgelt für Verdienstausfall oder Zeitverlust gewährt werden oder den eigentlichen Aufwand offenbar übersteigen.

In ähnlicher Weise wurden früher im öffentlichen Dienst „Mehrarbeitsentschädigungen" gewährt, die in Wirklichkeit eine Vergütung darstellten. Der Gesetzgeber hat dann später diese begriffliche Ungenauigkeit beseitigt, indem er durch Art. IX § 2 des 2. BesVNG[37] in allen Gesetzen und Verordnungen den Begriff „Mehrarbeitsentschädigung" durch den Begriff „Mehrarbeitsvergütung" ersetzt hat.

---

36 Vgl. in diesem Zusammenhang auch *Rößler*, Zur Verfassungswidrigkeit des § 3 Nr. 12 EStG, BB 1994, S. 1401 ff.

Zwischenergebnis: Aus dem Begriff der ehrenamtlichen Tätigkeit als solchem lassen sich Grenzen für Vergütungsregelungen nicht ableiten. Ehrenamtliche Tätigkeit ist eine nebenberufliche Tätigkeit und steht im Gegensatz zu hauptamtlicher oder hauptberuflicher Tätigkeit. Ehrenamtliche Tätigkeit verlangt keine unentgeltliche Aufgabenwahrnehmung. Ohnehin bedeutet Unentgeltlichkeit nicht Kostenlosigkeit. Im dogmatischen Sinne sind unentgeltliche Leistungen vielmehr solche Leistungen, die von den Parteien nicht als äquivalente Gegenleistung angesehen werden (z. B. Kosten- oder Aufwendungsersatz). Im Laufe der Zeit sind Entschädigungen für ehrenamtliche Tätigkeiten zu einer „Selbstverständlichkeit" geworden. Selbst die entgeltliche Wahrnehmung von Aufgaben wird heute als mit dem Begriff ehrenamtlicher Tätigkeit vereinbar angesehen, und auch der Begriff „Entschädigung" steht einer Vergütung nicht entgegen.

III. Wirtschaftlichkeit als Haushaltsprinzip

Grenzen für eine Vergütungsregelung könnten aus dem Gebot der Wirtschaftlichkeit folgen, wenn dieses für die Tätigkeit Kassenärztlicher Vereinigungen gilt und einen hinreichend verbindlichen, aussagekräftigen Maßstab enthält.

1. Wirtschaftlichkeitsgebot als Verfassungsprinzip

a) Das Wirtschaftlichkeitsgebot im Grundgesetz

Im Gegensatz zum rechtsstaatlichen Gebot der Gesetzmäßigkeit der Verwaltung (Art. 20 Abs. 3 GG) ist das betriebswirtschaftliche Gebot der Wirtschaftlichkeit der Verwaltung im Grundgesetz nicht ausdrücklich verankert. Lediglich Art. 114 Abs. 2 GG statuiert, daß der Bundesrechnungshof „die Rechnung sowie die Wirtschaftlichkeit und Ordnungsmäßigkeit der Haushalts- und Wirtschaftsführung" prüft. Da sich die Prüfung des Rechnungshofs nicht in einer sanktionslosen Beratung erschöpft, sondern sein Bericht im Rahmen der sogenannten Verfassungskontrolle zur Vorbereitung für die Entlastung der Bundesregierung dient[38], kann sich das Wirtschaftlichkeitsprinzip nicht in einer bloßen Kontrollnorm erschöpfen. Denn Haushaltskontrolle als Beanstandungskontrolle setzt voraus, daß die Verwaltung bei ihrer Tätigkeit auf das Wirtschaftlichkeitsprinzip verpflichtet ist, weil anderenfalls dessen Nichtbeachtung nicht gerügt werden kann. Daher ist das Wirtschaftlichkeitsgebot nicht nur *Kontrollnorm* für den Bundesrechnungshof, sondern *Bindungsnorm* für die Verwaltung[39].

---

37 Zweites Gesetz zur Vereinheitlichung und Neuregelung des Besoldungsrechts im Bund und Ländern vom 23. 5. 1975 (BGBl. I S. 1173).

38 Vgl. *Maunz*/Dürig, GG, Art. 114 RN 47; *Saemisch*, Das Kontrollwesen und die Entlastung, in: Anschütz/Thoma, Handbuch des Deutschen Staatsrechts, Bd. II, S. 446 (450); *Vogel/Kirchhof*, in: Bonner Kommentar (Zweitbearb.), Art. 114 RN 75, S. 45.

Da Art. 114 GG jedoch keine selbständige Beachtungspflicht der Verwaltung statuiert, ist die Bindungsnorm nur komplementäre Ergänzung der Kontrollnorm und insoweit akzessorisch. Wegen dieser Abhängigkeit kann der Bindungsbereich nicht weiter reichen als der Kontrollbereich, mit anderen Worten: Nur soweit der Bundesrechnungshof die Wirtschaftlichkeit prüfen darf, sind die virtuell davon Betroffenen zur Beachtung der Wirtschaftlichkeit verpflichtet. Art. 114 GG bezieht sich nun ausdrücklich nur auf Bundesorgane, kann also auch nur für diese rechtliche Bindung entfalten[40].

Eine Verbindlichkeit für die Länder über die Homogenitätsklausel des Art. 28 Abs. 1 GG kann nicht eintreten, weil Finanzkontrolle und Wirtschaftlichkeitsgebot nicht zu den den Ländern vorgegebenen Grundentscheidungen gehören[41].

Da die Kassenärztlichen Vereinigungen anders als die Kassenärztliche Bundesvereinigung in Anlehnung an Art. 87 Abs. 2 GG wegen ihres Zuständigkeitsbereichs landesunmittelbare Körperschaften des öffentlichen Rechts sind (vgl. § 77 Abs. 5 SGB V), fallen sie nicht in den Geltungsbereich des Art. 114 GG und sind demzufolge auch nicht dem dort statuierten Wirtschaftlichkeitsprinzip unterworfen.

b) Das Wirtschaftlichkeitsgebot in Landesverfassungen

Nahezu wortgleich mit Art. 114 Abs. 2 Satz 1 GG schreiben Landesverfassungen, wie z. B. Art. 86 Abs. 2 Satz 2 der Verfassung für das Land Nordrhein-Westfalen[42], vor, daß der Landesrechnungshof „die Rechnung sowie die Ordnungsmäßigkeit und Wirtschaftlichkeit der Haushalts- und Wirtschaftsführung" prüft. Wegen der Parallelität der Vorschriften ist auch für das Landesverfassungsrecht das Wirtschaftlichkeitsgebot nicht nur als Kontrollnorm, sondern auch als Bindungsnorm anzusehen. Für die Kassenärztlichen Vereinigungen ist diese Bestimmung jedoch nur dann anwendbar, wenn dem Landes(verfassungs-)gesetzgeber die entsprechende Regelungskompetenz zusteht. Hierbei ist erneut zwischen dem Wirtschaftlichkeitsgebot als Kontrollnorm einerseits sowie als Bindungsnorm andererseits zu differenzieren. Soweit Landesverfassungsrecht das Wirtschaftlichkeitsprinzip als Kontrollnorm für den Landesrechnungshof begreift, regelt er die Kontrolle der Haushaltsgebarung, die zu den elementaren Bestandteilen der Haushaltswirtschaft gehört[43].

---

39 Vgl. *von Arnim*, Wirtschaftlichkeit als Rechtsprinzip, 1988, S. 60f.; P. *Kirchhof*, in: VVDStRL Heft 42, 1984, S. 287 ff. (Diskussionsbeitrag).

40 Ebenso *Vogel/Kirchhof*, Bonner Kommentar (Zweitbearb.), Art. 114 RN 23, 70 und 108.

41 So auch *Vogel/Kirchhof*, a.a.O., Art. 114 RN 23.

42 Vom 28. 6. 1950 (GS 100 S. 3).

43 Vgl. statt aller *Maunz*/Dürig, GG, Art. 109 RN 3.

Da gemäß Art. 109 Abs. 1 GG Bund und Länder in ihrer Haushaltswirtschaft selbständig und voneinander unabhängig sind, hat jedes Land grundsätzlich die Gesetzgebungskompetenz für seine Haushaltswirtschaft, insbesondere auch für das Kontrollverfahren seines Landesrechnungshofs.

Leitet man aus dem Wirtschaftlichkeitsgebot als Kontrollnorm des Rechnungshofs eine korrespondierende Bindungsnorm für die Verwaltung ab, so wird der Bereich der Haushaltswirtschaft verlassen. Ob und inwieweit die Verwaltung bei ihren jeweiligen Entscheidungen Gesichtspunkte der Wirtschaftlichkeit zu berücksichtigen hat, ist eine Frage des für die Verwaltung geltenden Organisations- und Verfahrensrechts. Hierüber kann Landes(verfassungs)recht nur befinden, wenn dem Landesgesetzgeber die Gesetzgebungskompetenz für die jeweilige Sachmaterie zusteht. Die Kompetenz für die gesetzliche Krankenversicherung als klassischem Zweig der Sozialversicherung gebührt gemäß Art. 74 Nr. 12 GG dem Bund. Unter diese Gesetzgebungszuständigkeit fällt auch die Regelung der vertragsärztlichen Vergütung und der sonstigen vertragsärztlichen Angelegenheiten[44].

Da der Bund von seinem Gesetzgebungsrecht durch Erlaß des Fünften Buches Sozialgesetzbuch und der sonstigen Bücher Gebrauch gemacht und hierbei auch Fragen der Wirtschaftlichkeit normiert hat, steht den Ländern die Gesetzgebungsbefugnis auf diesem Gebiet gemäß Art. 72 Abs. 1 GG nicht mehr zu. Wenn und soweit der Bund im Rahmen seiner Gesetzgebungskompetenzen Gesetze erläßt, derogieren diese gemäß Art. 31 GG auch dem Landesverfassungsrecht.

2. Wirtschaftlichkeit als Prinzip des Haushaltsgrundsätzegesetzes

In Durchbrechung des Grundsatzes der Haushaltstrennung in Bund und Ländern (Art. 109 Abs. 1 GG) sieht Art. 109 Abs. 3 GG vor, daß durch Bundesgesetz u.a. „für Bund und Länder gemeinsam geltende Grundsätze für das Haushaltsrecht" aufgestellt werden können. Obwohl in der Ausnahmebestimmung nicht ausdrücklich geregelt, ist auch die Finanzkontrolle unter den Begriff „Haushaltsrecht" im Sinne von Art. 109 Abs. 3 GG zu rechnen[45].

Auf Grund des Art. 109 Abs. 3 GG ist das „Gesetz über die Grundsätze des Haushaltsrechts des Bundes und der Länder" (Haushaltsgrundsätzegesetz – HGrG)[46] ergangen. § 6 Abs. 1 HGrG statuiert, daß „bei Aufstellung und Ausführung des Haushaltsplans ... die Grundsätze der Wirtschaftlichkeit und Sparsamkeit zu beachten" sind. Nach § 19 Abs. 2 HGrG dürfen Ausgaben „nur soweit und nicht eher geleistet werden, als sie zur wirtschaftlichen und sparsamen Verwaltung

---

44 Vgl. *Merten*, in: Schulin (Hg.), Handbuch des Sozialversicherungsrechts, Bd. 1: Krankenversicherungsrecht, § 5 RN 112.

45 So auch *Vogel/Kirchhof*, Bonner Kommentar (Zweitbearb.), Art. 114 RN 24; *Maunz/* Dürig, GG, Art. 109 RN 44.

46 Vom 19. 8. 1969 (BGBl. I S. 1273).

erforderlich sind". Sowohl nach dem Gesetzestitel als auch nach dem Gesetzeszweck betreffen §§ 6, 19 HGrG auch die Länder. Wie sich aus der Überschrift von Teil I („Vorschriften für die Gesetzgebung des Bundes und der Länder") und aus § 1 HGrG ergibt, bedürfen die Vorschriften noch einer Umsetzung in Landesrecht, wie sie z. B. für Nordrhein-Westfalen durch die Landeshaushaltsordnung[47] erfolgt ist. Deren §§ 7 Abs. 1, 34 Abs. 2 decken sich inhaltlich mit §§ 6 Abs. 1, 19 Abs. 2 HGrG.

Das haushaltsrechtliche Wirtschaftlichkeitsgebot beschränkt sich jedoch sachlich auf die Aufstellung und Ausführung des Haushaltsplans, umfaßt aber nicht die gesamte Verwaltungstätigkeit des Landes einschließlich der landesunmittelbaren juristischen Personen des öffentlichen Rechts. Da die Kassenärztlichen Vereinigungen keine Haushaltsmittel verwalten und auch keine Zuschüsse aus dem Landeshaushalt erhalten, sind §§ 6 Abs. 1, 19 Abs. 2 HGrG und entsprechende Vorschriften der Landeshaushaltsordnungen Nordrhein-Westfalens auf sie nicht anwendbar. Das erkennt letztlich auch § 112 LHO an, der eine Prüfung der landesunmittelbaren Sozialversicherungsträger durch den Landesrechnungshof nur für den Fall vorsieht, daß diese auf Grund eines Landesgesetzes vom Land Zuschüsse erhalten oder eine gesetzliche Garantieverpflichtung des Landes besteht. Auf „sonstige Vereinigungen auf dem Gebiet der Sozialversicherung", zu denen auch die Kassenärztlichen Vereinigungen gehören, findet die Landeshaushaltsordnung gemäß § 112 Abs. 1 Satz 3 LHO Nordrhein-Westfalens ausdrücklich keine Anwendung.

Zwischenergebnis: Als Haushaltsprinzip findet sich das Wirtschaftlichkeitsgebot in den Verfassungen und im Haushaltsrecht von Bund und Ländern. Hierbei ist es teilweise nur als Kontrollnorm für die Rechnungshöfe ausgestaltet. Zwar kann hieraus auch eine korrespondierende Bindungsnorm für die Verwaltung abgeleitet werden. Sie muß sich jedoch inhaltlich mit dem Umfang der Rechnungskontrolle decken, so daß Art. 114 GG nicht für Kassenärztliche Vereinigungen als landesunmittelbare Körperschaften des öffentlichen Rechts gelten kann. Art. 86 Abs. 2 Satz 2 der nordrhein-westfälischen Verfassung ist auf Kassenärztliche Vereinigungen in deren Geltungsbereich wiederum nicht anwendbar, weil für die Ableitung einer Bindungsnorm die Gesetzgebungskompetenz des Landes erforderlich wäre. Die Regelung vertragsärztlicher Angelegenheiten steht jedoch gemäß Art. 74 Nr. 12 GG dem Bund zu. Das haushaltsrechtliche Wirtschaftlichkeitsgebot, wie es in den Landeshaushaltsordnungen statuiert ist, beschränkt sich auf die Aufstellung und Ausführung des Haushaltsplans, ohne die gesamte Verwaltungstätigkeit des Landes einschließlich der landesunmittelbaren juristischen Personen des öffentlichen Rechts zu erfassen. Da die Kassenärztlichen Vereinigungen keine Haushaltsmittel verwalten und auch keine Zuschüsse aus dem Landeshaushalt erhalten, sind die haushaltsrechtlichen Vorschriften auf sie nicht anwendbar.

---

[47] (LHO) vom 14. 12. 1971 (GVBl. S. 397).

IV. Das Wirtschaftlichkeitsgebot im Krankenversicherungsrecht

1. Allgemeines

Das Gebot der Wirtschaftlichkeit hat für das Krankenversicherungsrecht eine hohe Bedeutung, wie die Aufnahme des Prinzips in zahlreiche Einzelregelungen zeigt. Bereits § 69 Abs. 2 SGB IV schreibt für alle Versicherungszweige (arg. § 1 Abs. 1 SGB IV) vor, daß der Versicherungsträger bei der Aufstellung und Ausführung des Haushaltsplans sicherzustellen hat, daß „er die ihm obliegenden Aufgaben unter Berücksichtigung der Grundsätze der Wirtschaftlichkeit und Sparsamkeit erfüllen kann". Die Bestimmung überträgt damit die Grundsätze der Wirtschaftlichkeit und Sparsamkeit des öffentlichen Haushaltsrechts auf das Haushaltsrecht der Sozialversicherung[48].

Das Fünfte Buch Sozialgesetzbuch weist an mehreren Stellen darauf hin, daß die Leistungserbringung der Krankenversicherung und die Versorgung der Versicherten „wirtschaftlich" sein müsse[49]. Wirtschaftlichkeitsprüfungen sind in §§ 106 und 274 Abs. 1 SGB V vorgesehen. Darüber hinaus begrenzt § 28 SGB V die ärztliche und zahnärztliche Behandlung auf „ausreichende" und „zweckmäßige" Maßnahmen. Auf die „Notwendigkeit" von Leistungen stellen §§ 13 Abs. 3, 27 Abs. 1 und 60 Abs. 1 Satz 1 SGB V ab. „Erforderlichkeit" bzw. sogar „zwingende Erforderlichkeit" verlangt das Gesetz für die Gewährung von Hilfsmitteln oder häuslicher Krankenpflege[50]. In diesen Fällen handelt es sich um Elemente der Wirtschaftlichkeit, weil das, was zur Verhütung, Früherkennung und Behandlung von Krankheiten nicht „zweckmäßig", „notwendig", „erforderlich" oder mehr als „ausreichend" ist, zugleich als unwirtschaftlich angesehen wird[51].

Legistisch betrachtet, ist die Vielzahl der Einzelregelungen sicherlich kein gelungener Ausweis für die Gesetzgebungskunst im Sozialgesetzbuch[52]. Ungeachtet dessen stellt sich die Frage, ob für das Krankenversicherungsrecht insgesamt ein allgemeiner Rechtsgrundsatz der Wirtschaftlichkeit im Wege einer sogenannten Rechtsanalogie oder Gesamtanalogie zu entnehmen ist[53]. Hierbei wird aus einer Mehrzahl einzelner Rechtsnormen, die an verschiedene Tatbestände dieselbe Rechtsfolge knüpfen, durch Induktionsschluß ein allgemeiner Rechtsgrundsatz gewonnen, der dann wertungsmäßig auch auf diejenigen Fälle anwendbar ist, die un-

---

48 Vgl. auch *Gleitze*, in: Gleitze/Krause/von Maydell/Merten, GK-SGB IV, § 69 RN 5.

49 Vgl. § 2 Abs. 1 und 4, § 4 Abs. 3 und 4, § 12 Abs. 1, § 70 Abs. 1 Satz 2, § 72 Abs. 2.

50 Vgl. §§ 33, 37 Abs. 1 Satz 2 SGB V; siehe auch §§ 24 a Abs. 1, 27 a Abs. 1 Nr. 1 SGB V.

51 Vgl. *BSGE 17*, 79 (84); *19*, 123 (128).

52 Kritisch auch *Schewe*, Die Beschwörung des „Wirtschaftlichen" im neuen SGB V – ein Vergleich der 65 Nennungen des „Wirtschaftlichen" und 35 ähnlicher Begriffe, SGb. 1989, S. 410ff.

53 Vgl. dazu *Enneccerus/Nipperdey*, Allgemeiner Teil des Bürgerlichen Rechts, 15. Aufl., 1959, § 58 II 1 b, S. 340; *Larenz*, Methodenlehre der Rechtswissenschaft, S. 383 ff.

ter keine der ausdrücklich geregelten Gesetzesvorschriften fallen. Voraussetzung im vorliegenden Fall wäre, daß nach der „ratio legis" die Wirtschaftlichkeit im Gesamtbereich des gesetzlichen Krankenversicherungsrechts uneingeschränkt geboten ist. Prüft man unter diesem Gesichtspunkt die Einzelvorschriften genauer, so zeigt sich, daß es in der Mehrzahl der Fälle nur um die Wirtschaftlichkeit der *Leistungserbringung* geht[54].

In diesen Zusammenhang gehören auch diejenigen Gesetzesbestimmungen, die die Leistungen von einer „Zweckmäßigkeit", „Notwendigkeit" oder „Erforderlichkeit" abhängig machen[55].

Insoweit kann ein Schluß vom Besonderen zum Allgemeinen nur dazu führen, daß das Wirtschaftlichkeitsgebot als allgemeiner Rechtsgrundsatz für die Versorgung der Versicherten mit der Folge anzuerkennen ist, daß die Wirtschaftlichkeit auch in den Fällen zu beachten ist, in denen das Gesetz diese Begrenzung ausnahmsweise nicht anführt, wie z. B. im Falle von Schwangerschaftsabbruch und Sterilisation (§ 24 b SGB V). Dagegen kann ein allgemeines Prinzip des Leistungsrechts nicht ohne weiteres auch auf die Organisation übertragen werden, zumal beide Bereiche in getrennten Kapiteln (3. und 6. Kapitel) des Fünften Buches Sozialgesetzbuch normiert werden. Aus diesem Grunde kann beispielsweise das Recht der Krankenkassen und ihrer Verbände, sich zu Arbeitsgemeinschaften zusammenzuschließen (§ 19 SGB V), im Hinblick auf ein allgemeines Wirtschaftlichkeitsgebot nicht in eine Pflicht uminterpretiert werden.

Allerdings ordnet § 4 Abs. 4 SGB V ein sparsames und wirtschaftliches Verfahren der Krankenkassen bei der Durchführung ihrer Aufgaben und in ihren Verwaltungsangelegenheiten an. Hierbei handelt es sich jedoch um eine Sondervorschrift für die *Krankenkassen*, die noch dazu nach Kassenarten gegliedert in § 4 Abs. 2 SGB V enumerativ aufgeführt werden. Für die Gewinnung eines allgemeinen Rechtsgrundsatzes fehlt es an einer Vielzahl von Einzelregelungen, die verallgemeinerungsfähig sind. Statt eines Analogieschlusses liegt vielmehr ein Umkehrschluß nahe. Die Krankenkassen (und nur die Krankenkassen) sollen wegen der Finanzierung durch Versicherungsbeiträge (§ 3 SGB V) nicht nur bei der Durchführung ihrer Aufgaben, sondern auch bei ihren Verwaltungsangelegenheiten sparsam und wirtschaftlich verfahren. Nach dem Gesetzeszweck kann dieses Wirtschaftlichkeitsgebot beispielsweise nicht ohne weiteres auf die Praxis"verwaltung" eines Vertragsarztes übertragen werden, weil die Wirtschaftlichkeit der vertragsärztlichen Versorgung durch die Gesamtverträge der Kassenärztlichen Vereinigungen mit den Verbänden der Krankenkassen sichergestellt wird (§ 72 Abs. 2 SGB V). Daher muß es dem einzelnen Vertragsarzt unbenommen bleiben, in seinen Praxisangelegenheiten unwirtschaftlich zu verfahren, soweit damit nicht die Krankenkassen und letztlich die Versichertengemeinschaft belastet werden.

---

54 Vgl. § 2 Abs. 1 und 4, § 12 Abs. 1, § 70 Abs. 1 Satz 2, § 72 Abs. 2 SGB V.

55 Vgl. §§ 13 Abs. 3, 24 a Abs. 1, 27 Abs. 1, 27 a Abs. 1, 28, 33, 37 Abs. 1 Satz 2, 60 Abs. 1 Satz 1 SGB V.

Schließlich reicht auch das Gebot enger Zusammenarbeit der Krankenkassen und ihrer Verbände „im Interesse der Leistungsfähigkeit und Wirtschaftlichkeit der gesetzlichen Krankenversicherung“ in § 4 Abs. 3 SGB V nicht aus, um aus einer einzelnen Vorschrift ein allgemeines Rechtsprinzip abzuleiten. Das erhellen auch die Regelungen des Fünften Buches Sozialgesetzbuch über andere Formen der Zusammenarbeit. Denn im Unterschied zu § 4 Abs. 3 SGB V ist der Zusammenschluß von Ersatzkassen zu Verbänden und die Bildung von Arbeitsgemeinschaften gemäß §§ 212 Abs. 5, 219 Abs. 1 SGB V freiwillig[56].

§ 4 Abs. 3 SGB V ist daher auf Kassenärztliche Vereinigungen nicht entsprechend anwendbar.

Zwar hat das *Bundessozialgericht*[57] die These vertreten, daß das Gebot einer wirtschaftlichen und sparsamen Mittelverwendung „wegen seiner überragenden und grundsätzlichen Bedeutung für die öffentliche Finanzwirtschaft“ auch in den Bereichen der öffentlichen Verwaltung gelte, in denen seine Beachtung nicht ausdrücklich vorgeschrieben ist. Käme dem Wirtschaftlichkeitsprinzip tatsächlich eine so überragende und grundsätzliche Bedeutung zu, dann hätte es nahegelegen, den Grundsatz ebenso wie das Gesetzmäßigkeitsprinzip allgemein und für den gesamten Bereich der öffentlichen Verwaltung verfassungsrechtlich zu verankern, statt es in einzelnen Bereichen und teilweise als bloße Kontrollnorm spezialgesetzlich vorzuschreiben.

Auf eine Rechts- oder Gesamtanalogie kommt es allerdings nicht an, wenn das Wirtschaftlichkeitsprinzip kraft besonderer Regelung gilt[58], was für die Kassenärztlichen Vereinigungen der Fall ist[59].

Zwischenergebnis: Das Fünfte Buch Sozialgesetzbuch enthält zwar eine Vielzahl von Einzelregelungen, die „Wirtschaftlichkeit“ gebieten und hinsichtlich der zu erbringenden Leistungen „Notwendigkeit“, „Erforderlichkeit“ oder „Zweckmäßigkeit“ verlangen. In der Mehrzahl der Fälle geht es jedoch allein um die Wirtschaftlichkeit der *Leistungserbringung*, so daß im Wege sogenannter Rechts- oder Gesamtanalogie ein allgemeiner Rechtsgrundsatz des Wirtschaftlichkeitsgebots im Gesamtbereich der gesetzlichen Krankenversicherung nicht zu gewinnen ist. Die Regelungen des § 4 Abs. 3 und 4 SGB V sind für Kassenärztliche Vereinigungen nicht entsprechend anwendbar.

2. Die Wirtschaftlichkeitsprüfung gemäß § 274 SGB V

Die Geschäfts-, Rechnungs- und Betriebsführung der Landesverbände der Krankenkassen und der Kassenärztlichen Vereinigungen ist gemäß § 274 Abs. 1 Satz 2

---

56 Vgl. *Peters*, in: Kasseler Kommentar, § 212 RN 5, § 219 RN 3.

57 *E 31*, 247 (257).

58 So auch *BSGE 31*, 247 (257).

59 Vgl. unten S. 28, 33.

SGB V mindestens alle fünf Jahre zu prüfen, wobei sich diese Prüfung auf den gesamten Geschäftsbetrieb zu erstrecken hat und die Prüfung der „Gesetzmäßigkeit und Wirtschaftlichkeit" umfaßt (§ 274 Abs. 1 Satz 4 SGB V).

a) Entstehungsgeschichte

§ 274 SGB V ist an die Stelle des früheren § 342 RVO getreten, wonach der Vorstand einer Krankenkasse die Geschäfts-, Rechnungs- und Betriebsführung der Kasse durch eine geeignete Einrichtung prüfen zu lassen hatte. Die neue Vorschrift ist durch Art. 1 GRG[60] eingeführt worden und gemäß Art. 79 Abs. 3 GRG mit Wirkung vom 1. 1. 1990 in Kraft getreten.

Eine dem § 274 SGB V entsprechende Regelung findet sich noch nicht im Regierungsentwurf, nach dessen Art. 5 Nr. 1 und Nr. 2 § 342 RVO in einer Neufassung fortgelten sollte[61].

Demgegenüber schlug der Bundesrat eine Neuregelung in Form eines § 282 a vor[62]. Als Begründung führte er an, daß die vorgesehene Prüfung neben der Kontrolle der Rechtsanwendung der Information der Verantwortlichen dienen, weiterführende Überlegungen fördern sowie Orientierungs- und Entscheidungshilfen geben solle; ein modernes Verständnis von dieser Prüfung sei nicht primär auf die Aufdeckung von Fehlern oder Mängeln gerichtet, sondern solle einen entscheidenden Beitrag zur rechtzeitigen Erkenntnis von Schwachstellen leisten und vor allem präventiv wirken.

In den Gesetzgebungsberatungen wurde die vorgesehene Fassung erweitert und dann in die Beschlußempfehlung des Ausschusses für Arbeit und Sozialordnung aufgenommen[63]. In der Ausschußbegründung wird angeführt, daß die Neuregelung eine einheitliche gesetzliche Grundlage für alle gesetzlichen Krankenkassen und deren Verbände schaffen soll; anders als die Aufsichtsprüfung nach § 88 SGB IV müsse die Prüfung alle fünf Jahre durchgeführt werden. Wörtlich heißt es, daß „die aufgrund der Prüfung festgestellten Sachverhalte ... die Prüfstellen veranlassen (sollen), die Krankenkassen und ihre Verbände zu beraten und ihnen Verbesserungen vorzuschlagen"[64]. Die Ausschußfassung erhielt in unveränderter Form als § 274 SGB V Gesetzeskraft.

---

[60] Gesetz zur Strukturreform im Gesundheitswesen (Gesundheits-Reformgesetz) vom 20. 12. 1988 (BGBl. I S. 2477).

[61] Vgl. den Regierungsentwurf eines Gesetzes zur Strukturreform im Gesundheitswesen (Gesundheits-Reformgesetz – GRG), BR-Drucks. 200/88 vom 29. 4. 1988, S. 85 und 241.

[62] Stellungnahme des Bundesrates zum RegE-GRG, BT-Drucks. 11/2493, S. 41 f.

[63] Beschlußempfehlung des Ausschusses für Arbeit und Sozialordnung (11. Ausschuß) vom 15. 11. 1988, BT-Drucks. 11/3320, S. 149.

[64] Bericht des Ausschusses für Arbeit und Sozialordnung (11. Ausschuß) vom 24. 11. 1988, BT-Drucks. 11/3480, S. 65 ff.

Durch Art. 1 Nr. 146 GSG[65] wurde § 274 SGB V sodann geändert, indem seine Geltung auf die Kassenärztlichen Vereinigungen und Kassenärztlichen Bundesvereinigungen erstreckt wurde. Damit sollte „die Wirtschaftlichkeitskontrolle bei beiden Vertragsparteien der gemeinsamen Selbstverwaltung in der vertragsärztlichen Versorgung" ermöglicht werden[66].

b) Gesetzessystematik

Durch die Einbeziehung der Kassenärztlichen (Bundes-)Vereinigungen ist die Überschrift des nur aus einem einzigen Paragraphen bestehenden fünften Abschnitts „Prüfung der Krankenkassen und ihrer Verbände" unrichtig, weil unvollständig. Die Verankerung der Prüfungsregelung im achten Kapitel des Fünften Buches Sozialgesetzbuch mit dem Titel „Finanzierung" verdeutlicht den schon in den Gesetzesberatungen zum Ausdruck gekommenen Anlaß der Regelung. Die vorgesehene Prüfung wurde im Hinblick auf die beträchtlichen gesamtwirtschaftlichen Auswirkungen der Kosten des Gesundheitswesens und der finanziellen Belastung der Beitragszahler für erforderlich gehalten.

Hinsichtlich der Prüfung Kassenärztlicher Vereinigungen ergeben sich Abgrenzungsschwierigkeiten zu § 78 SGB V.

c) Verhältnis von § 274 zu § 78 SGB V

Während die Aufsichtsbehörde die Geschäfts- und Rechnungsführung der Kassenärztlichen Vereinigungen gemäß § 78 SGB V i.V.m. § 88 SGB IV nach pflichtgemäßem Ermessen prüfen „kann", bestimmt § 274 Abs. 1 Satz 3, daß die für die Sozialversicherung zuständigen obersten Verwaltungsbehörden der Länder „mindestens alle fünf Jahre" die Geschäfts-, Rechnungs- und Betriebsführung der Kassenärztlichen Vereinigungen zu prüfen haben. Gerade die Regelmäßigkeit der Prüfungen ist Anliegen der Gesetzesbestimmung[67].

Zudem müssen die Kassenärztlichen Vereinigungen die Kosten dieser Prüfungen gemäß § 274 Abs. 2 Satz 3 SGB V tragen, während bei den Aufsichtsprüfungen gemäß §§ 78 SGB V, 88 SGB IV der Staat Kostenträger ist[68]. Diese Unterschiede zeigen, daß § 274 SGB V ein eigener Regelungsgehalt nicht abzusprechen ist.

---

65 Gesetz zur Sicherung und Strukturverbesserung der gesetzlichen Krankenversicherung (Gesundheitsstrukturgesetz) vom 21. 12. 1992 (BGBl. I S. 2266).

66 Begründung zum Entwurf eines Gesetzes zur Sicherung und Strukturverbesserung der gesetzlichen Krankenversicherung, BT-Drucks. 12/3608 vom 5. 11. 1992, S. 120 zu Nr. 129.

67 Vgl. auch *Peters*, in: Kasseler Kommentar, § 274 SGB V RN 2.

68 Ebenso *Schnapp*, Aufsicht und Finanzprüfung, in: Schulin (Hg.), Handbuch des Sozialversicherungsrechts, Bd. 1: Krankenversicherungsrecht, § 52 RN 122.

Gerade deswegen muß jedoch das Verhältnis der beiden Vorschriften zueinander hinsichtlich des Prüfungsmaßstabs geklärt werden. Anders als § 78 Abs. 3 Satz 1 SGB V umfaßt die Prüfung der Kassenärztlichen Vereinigungen gemäß § 274 SGB V nach dessen Abs. 1 Satz 4 sowohl die Gesetzmäßigkeit als auch die Wirtschaftlichkeit des Geschäftsbetriebs, wobei das Nebeneinander beider Begriffe zugleich deutlich macht, daß die Wirtschaftlichkeit einer Maßnahme keine Frage ihrer Gesetzmäßigkeit ist. Eine ausdrückliche Verpflichtung zu wirtschaftlichem Handeln enthält § 274 SGB V nicht. Allerdings kann, wie bereits ausgeführt[69], aus dem Wirtschaftlichkeitsprinzip als Kontroll- oder Prüfungsnorm eine inzidente Bindungsnorm abgeleitet werden. Voraussetzung hierfür ist, daß sich die Prüfung nicht in einer sanktionslosen Beratung erschöpft, sondern zugleich eine Beanstandungskontrolle darstellt. Denn die Rüge oder Beanstandung eines Verhaltens durch die Prüfungsinstanz bedeutet, daß die kontrollierte Stelle sich unrichtig verhalten hat. Dieser Vorwurf wiederum bedingt, daß eine Pflicht zum richtigen Verhalten verletzt wurde. Deshalb kann aus einer Kontrollnorm auf eine Bindungsnorm des Kontrollierten geschlossen werden.

Anders verhält es sich bei einer Beratungskontrolle ohne Sanktion. Denn die Beratung überläßt grundsätzlich dem Beratenen die freie Entscheidung, ob er dem Rat folgen will oder nicht. Wenn der Beamte seinen Vorgesetzten gemäß § 37 Satz 1 BRRG, § 55 Satz 1 BBG „zu beraten und zu unterstützen" hat, so folgt daraus keine Beachtungspflicht, weil anderenfalls die Weisungshierarchie im öffentlichen Dienst auf den Kopf gestellt würde.

§ 274 SGB V enthält keine Prüfungssanktionen. Hierin hebt er sich von der Aufsichtsprüfung gemäß § 78 SGB V i.V.m. § 89 SGB IV ab, wonach die Aufsichtsbehörde die Kassenärztliche Vereinigung gegebenenfalls durch Verpflichtungsbescheid anhalten kann, die Pflichtverletzung zu beheben und im Falle der Unanfechtbarkeit mit den Mitteln des Verwaltungsvollstreckungsrechts vorgehen kann[70].

Damit unterscheiden sich die Aufsichtsprüfungen gemäß § 274 SGB V einerseits und § 78 SGB V i.V.m. §§ 88f. SGB IV fundamental. § 274 SGB V statuiert eine reine *Beratungsprüfung* ohne jede Sanktionsmöglichkeit, weshalb hiermit auch eine unabhängige öffentlich-rechtliche Prüfungseinrichtung betraut werden kann (§ 274 Abs. 1 Satz 3 SGB V). § 78 SGB V i.V.m. §§ 88f. SGB IV enthält dagegen eine Beanstandungsprüfung mit aufsichtsrechtlichen Sanktionen[71].

Beschränkt sich die Prüfung nach § 274 SGB V auf eine reine Beratung, wie es auch mit der Einführung der Bestimmung bezweckt war[72], so schließt die Prü-

---

69 Vgl. oben zu B III 1 a), S.18 f.

70 Vgl. *Gleitze*, in: ders./Krause/von Maydell/Merten, GK-SGB IV, § 89 RN 15; *Hess*, in: Kasseler Kommentar, § 78 SGB V RN 6.

71 Im Ergebnis ebenso *Schnapp*, in: Schulin, a.a.O., § 52 RN 119ff.

72 Vgl. oben S. 25.

fungsnorm keine Bindungsnorm ein. Damit enthält § 274 SGB V kein über die bisherigen Regelungen hinausgehendes zusätzliches Gebot der Wirtschaftlichkeit. Nur wo das Gesetz dies ausdrücklich vorsieht, wie z. B. in § 72 Abs. 2 SGB V hinsichtlich der Verträge mit den Verbänden der Krankenkassen, haben sie die Wirtschaftlichkeit zu beachten. Das entspricht dem Willen des Gesetzgebers, der die Prüfung nach § 274 SGB V auf die Kassenärztlichen Vereinigungen erstreckt hat, um die Wirtschaftlichkeitskontrolle bei beiden Vertragsparteien der vertragsärztlichen Versorgung zu gewährleisten[73].

Zwischenergebnis: Entstehungsgeschichte und systematische Stellung machen deutlich, daß § 274 SGB V anders als § 78 Abs. 3 Satz 1 SGB V eine reine Beratungsprüfung ohne jede Sanktionsmöglichkeit statuiert. Da bei einer Beratung grundsätzlich dem Beratenen die freie Entscheidung darüber zusteht, ob er dem Rat folgen will oder nicht, kann aus der Prüfung der Wirtschaftlichkeit keine Pflicht zur Beachtung abgeleitet werden. § 274 SGB V begründet daher kein über die bisherigen Regelungen hinausgehendes Wirtschaftlichkeitsgebot für die Kassenärztlichen Vereinigungen.

3. Zur „Berücksichtigung" von Wirtschaftlichkeit und Sparsamkeit (§ 69 Abs. 2 SGB IV)

Gemäß § 69 Abs. 2 SGB IV haben die Versicherungsträger bei der Aufstellung und Ausführung des Haushaltsplans sicherzustellen, daß sie die ihnen obliegenden Aufgaben unter Berücksichtigung der Grundsätze der Wirtschaftlichkeit und Sparsamkeit erfüllen können. Diese Regelung gilt auf Grund von § 78 Abs. 3 Satz 2 SGB V für Kassenärztliche Vereinigungen *entsprechend.*

a) Bedeutung der Vorschrift und systematische Stellung

Gemäß § 78 Abs. 3 Satz 1 SGB V sind die Kassenärztlichen Vereinigungen uneingeschränkt auf „Gesetz und sonstiges Recht" verpflichtet. Daß die als Kontrollnorm ausgestaltete Bestimmung eine entsprechende Bindungsnorm umschließt, macht schon der Wortlaut deutlich. Denn wenn die Prüfungsaufsicht sich auf die Gesetzes- und Rechtsbeachtung erstreckt, muß die beaufsichtigte juristische Person auch zur Gesetzes- und Rechtsbeachtung verpflichtet sein. Hätte ein Wirtschaftlichkeits- und Sparsamkeitsgebot denselben Stellenwert wie das Gesetzmäßigkeitsgebot, so hätte es nahegelegen, beide Prinzipien nebeneinander zu nennen, wie auch § 274 Abs. 1 Satz 4 zweiter Halbs. „Gesetzmäßigkeit und Wirtschaftlichkeit" nebeneinander als Prüfungsmaßstab nennt. Statt dessen verweist § 78 Abs. 3 erst in seinem Satz 3 hinsichtlich des „Haushalts- und Rechnungswesens" auf §§ 67ff. und damit auch auf § 69 SGB IV.

---

73 Siehe oben S. 26.

Anders als § 78 Abs. 3 Satz 1 SGB V enthält § 69 Abs. 2 SGB IV kein Beachtungs-, sondern nur ein *Berücksichtigungsgebot.* Dieses Berücksichtigungsgebot gilt zudem nicht uneingeschränkt, sondern nur im Rahmen der Pflicht, bei der Aufstellung und Ausführung des Haushaltsplans sicherzustellen, daß die obliegenden Aufgaben erfüllt werden können.

b) Norminhalt

aa) Die Nachrangigkeit der „Wirtschaftlichkeit"

Die Berücksichtigung der Grundsätze der Wirtschaftlichkeit und Sparsamkeit ist nicht alleiniges Ziel, sondern nur Teilziel des § 69 Abs. 2 SGB IV. Weiterer Richtpunkt ist die Sicherstellung der Aufgabenerfüllung bei Aufstellung und Ausführung des Haushaltsplans. Beide Teilziele müssen nicht notwendigerweise harmonieren, sondern können wegen ihres unterschiedlichen Inhalts auch kollidieren. Im Falle eines Zielkonflikts steht es nun dem Sozialversicherungsträger nicht frei, nach seinem Ermessen zwischen den Zielen zu wählen und dem einen zu Lasten des anderen eine Präferenz einzuräumen. Vielmehr folgen aus Gesetzeswortlaut und Gesetzeszweck, daß der Sicherstellung der Aufgabenerfüllung ein Vorrang zukommt. Nur im Rahmen dieser Sicherstellungspflicht sind die Aufgaben „unter Berücksichtigung der Grundsätze der Wirtschaftlichkeit und Sparsamkeit" zu erfüllen. Aus diesem Grunde muß die Berücksichtigung von Wirtschaftlichkeit und Sparsamkeit nachrangig sein, wird also insoweit „entsprechend modifiziert"[74]. Somit stellt § 69 Abs. 2 SGB IV eine *Zielrangfolge* auf. In erster Linie ist das Sachprogramm, d. h. die sozialrechtliche Aufgabenzuweisung an den Sozialversicherungsträger maßgebend. Das Bemühen um „Wirtschaftlichkeit" muß, wie auch sonst im Haushaltsrecht, „Zweitmotiv" bleiben[75].

Wirtschaftlichkeit darf daher niemals zum Selbstzweck werden, so daß z. B. hohe Operationskosten bei Greisen als „unwirtschaftlich" erscheinen. In gleicher Weise dürfen bei sinkenden Einnahmen im Interesse der Sparsamkeit nicht Leistungen entsprechend gekürzt werden, sondern sind Haushaltsüberschreitungen und Haushaltsdefizite hinzunehmen, weil die Erfüllung der obliegenden Aufgaben gewährleistet sein muß.

bb) Die „Berücksichtigung" von Grundsätzen

Die Modifizierung und Relativierung des Sekundärziels wird auch dadurch deutlich, daß § 69 Abs. 2 SGB V nicht die Wirtschaftlichkeit und Sparsamkeit als solche anzuvisieren verpflichtet, sondern nur deren „Grundsätze". Diese sind weiter-

---

74 Zutreffend *Gleitze*, in: ders./Krause/von Maydell/Merten, GK-SGB IV, § 69 RN 5.

75 So P. *Kirchhof*, NVwZ 1983, S. 505 (512 l.Sp.).

hin nur zu „berücksichtigen“ und nicht wie Gesetz und Recht gemäß § 78 Abs. 3 Satz 1 SGB V zu „beachten“.

Eine bloße „Berücksichtigung“ kennt die Verfassungsordnung in Art. 33 Abs. 5 GG hinsichtlich der hergebrachten Grundsätze des Berufsbeamtentums. Hierfür hat das *Bundesverfassungsgericht*[76] dem Gesetzgeber einen „größeren Spielraum“ als bei einer „Beachtung“ zugestanden. Die Berücksichtigung hat daher eine geringere normative Bindungswirkung[77].

Diese Unterscheidung ist auch für § 69 Abs. 2 SGB IV bedeutsam, da bei einer Verpflichtung, die Aufgabenerfüllung sicherzustellen, die Grundsätze von Wirtschaftlichkeit und Sparsamkeit nicht immer rigoros eingehalten werden können. Wortlaut und Normzweck verpflichten demnach dazu, die haushaltsrechtlichen Grundsätze in eine Abwägung miteinzubeziehen, ohne daß sie jedoch alleiniger Maßstab für den Normunterworfenen sein können.

cc) „Wirtschaftlichkeit“ und „Sparsamkeit“ als unbestimmte Rechtsbegriffe

„Wirtschaftlichkeit“ und „Sparsamkeit“ sind inhaltlich nicht eindeutig und weder abstrakt noch im konkreten Fall hinreichend bestimmbar. Wegen ihrer ungenügenden Präzision bedürfen sie einer Wertung, so daß sie als unbestimmte Rechtsbegriffe anzusehen sind[78]. Es gibt deshalb keine „Wirtschaftlichkeit“ oder „Sparsamkeit“ an sich[79]. Deshalb lassen sich aus den Begriffen auch nicht im Wege der Deduktion exakte Folgerungen ableiten[80]. Zudem müssen beide Begriffe immer in Beziehung gesetzt werden, bedürfen daher einer anderen, festen Größe. „Wirtschaftlichkeit“ kann nicht punktuell, sondern nur in einer *Relation* bewertet werden[81]. So kann die Anschaffung einer Luxuslimousine nicht als solche gegen die Grundsätze von Wirtschaftlichkeit und Sparsamkeit verstoßen. Vielmehr kommt es darauf an, zu welchen Zwecken sie eingesetzt wird, ob z. B. zum Aktentransport oder für Staatsbesuche.

(1) In Anlehnung an die Wirtschaftswissenschaften wird *Wirtschaftlichkeit* als das Prinzip formuliert, entweder mit gegebenen Mitteln ein Ziel bestmöglich zu verwirklichen oder ein bestimmtes Ziel mit kleinstmöglichen Mitteln zu realisieren[82].

---

76 *E 3*, 58 (137); *8*, 1 (16).

77 Vgl. Jarass/*Pieroth*, GG, Art. 33 RN 25.

78 Vgl. statt aller *Stern*, Das Staatsrecht der Bundesrepublik Deutschland, Bd. II, S. 439; zum „unbestimmten Rechtsbegriff“ *Maurer*, Allgemeines Verwaltungsrecht, § 7 RN 26ff., S. 121ff.

79 *Stern*, a.a.O., S. 438.

80 So *Vogel/Kirchhof*, in: Bonner Kommentar (Zweitbearb.), Art. 114 RN 91.

81 Vgl. auch *Seewald*, SGb. 1985, S. 51 (52 sub 3.2).

82 Vgl. *Stern*, a.a.O., S. 436; *BSGE 55*, 277 (279); *56*, 197 (198f.).

Zu Recht wird allerdings gegen eine allzu starre Übernahme nationalökonomischer Theoreme der fundamentale Unterschied von Privatwirtschaft und Staatswirtschaft eingewandt. Im Gegensatz zur Privatwirtschaft kommt es in der Staatswirtschaft nicht entscheidend auf Gewinnoptimierung und Höhe des finanziellen Ertrags an. Im Bereich der Staatstätigkeit steht der Nutzen für die Allgemeinheit im Vordergrund, der sich vielfach nicht quantifizieren läßt[83].

Vogel/Kirchhof[84] wenden sich dagegen, „Wirtschaftlichkeit" als ein rechnerisches Verhältnis von Aufwand und Ertrag zu verstehen. Sie sehen eine staatliche Maßnahme dann als „wirtschaftlich" an, „wenn die Bedeutung der durch sie erreichbaren Ziele für das Gemeinwohl den eingesetzten Aufwand an Zeit, Arbeitskraft, Finanzmitteln usw. – unter Einschluß etwaiger abträglicher Nebenfolgen – als gerechtfertigt erscheinen läßt und wenn die gleichen Ziele nicht auch mit geringerem Aufwand ... erreicht werden können". Damit kommt es im Kern auf ein „angemessenes Verhältnis zwischen öffentlichem Mitteleinsatz und sozialem Nutzen" an[85]. Diese Nutzen-Kosten-Relation hat auch § 69 Abs. 3 SGB IV im Auge, wenn er als Soll-Vorschrift bei Maßnahmen von erheblicher finanzieller Bedeutung Nutzen-Kosten-Untersuchungen verlangt.

Angesichts der unterschiedlichsten Arten der öffentlichen Verwaltung[86] lassen sich die Ziele des Verwaltungshandelns oder der mit möglichst geringen Mitteln zu erreichende „soziale Nutzen" nicht immer leicht bestimmen. Soweit es der Verwaltung obliegt, gesetzlich fest umrissene Leistungen z. B. nach dem Wohngeldgesetz oder dem Recht der gesetzlichen Rentenversicherung den Berechtigten zu gewähren, ist das Verwaltungsziel hinreichend bestimmt, so daß Wirtschaftlichkeit bedeutet, das gesetzlich umrissene Verwaltungsziel mit geringstmöglichem Aufwand zu erreichen. Vielfach sind jedoch Verwaltungsaufgaben komplex, wie z. B. bei der Treuhandanstalt, oder müssen von der Verwaltung selbst definiert werden, wie z. B. in der Außenpolitik. Bei derartigen Konstellationen läßt sich Wirtschaftlichkeit nicht messen, wenn man die Aufgabenstellung in Zweifel zieht und fragt, ob Staatsbesuche oder Leistungen der Entwicklungshilfe „wirtschaftlich" sind. Vielmehr läßt sich Wirtschaftlichkeit nur überprüfen, wenn man die von der Verwaltung im Rahmen der Gesetze gewählten Ziele akzeptiert und auf dieser Grundlage prüft, ob die Durchführung des einzelnen Staatsbesuchs und die Art der Entwicklungshilfe „wirtschaftlich" sind. Im gesetzesfreien Raum kann daher Verwaltungshandeln nicht durch das Haushaltsrecht gesteuert werden, sondern muß dem Eigenprogramm der Exekutive überlassen bleiben[87].

---

83 Vgl. hierzu *Vogel/Kirchhof*, a.a.O., RN 87 ff.; ferner *Luhmann*, Verwaltungsarchiv Bd. 51, 1960, S. 96 ff., 105.

84 AaO, RN 90.

85 So *Fischer-Menshausen*, in: von Münch, GG, Art. 114 RN 18; ihm folgend *Stern*, a.a.O., S. 437.

86 Hierzu neuestens *Peine*, Allgemeines Verwaltungsrecht, RN 13 ff.

87 So *Schuppert*, Die Steuerung des Verwaltungshandelns durch Haushaltsrecht und Haushaltskontrolle, VVDStRL 42, 1984, S. 265.

Thieme[88] vertritt sogar die Ansicht, daß die Verwaltung „ihr Zielsystem selbst definiert und damit sagt, was als wirtschaftlich gelten soll“. Dem ist insoweit zuzustimmen, als ein im Rahmen der Gesetze von der Regierung oder Verwaltung gewähltes Ziel, z. B. Wohnungsbau als Gegenleistung für den Abzug russischer Truppen aus Deutschland, als solches nicht „unwirtschaftlich“ sein kann, sondern sich die Wirtschaftlichkeitskontrolle auf die Durchführung unter den jeweils gegebenen Umständen zu beschränken hat. Insoweit räumen auch *Vogel/Kirchhof*[89], die im übrigen eine Prüfungskontrolle auch für die Zwecksetzung eines Verwaltungshandelns bejahen, eine Ausnahme für „politische“ Sachverhalte ein. Dasselbe gilt für den Bereich der Selbstverwaltung, wie noch zu zeigen sein wird[90].

(2) Das Verhältnis von „Sparsamkeit“ zu „Wirtschaftlichkeit“ ist in vielem noch unklar und widersprüchlich[91]. Während „Sparsamkeit“ teilweise eine isolierte Bedeutung sowohl als Teil des Doppelgebotes „Wirtschaftlichkeit und Sparsamkeit“ als auch als Element der Wirtschaftlichkeit aberkannt wird[92], wird es von anderen als Element der Wirtschaftlichkeit angesehen[93]. Sparsamkeit darf nicht einseitig als Aufwands- oder Ausgabenminimierung verstanden werden, weil dies konsequenterweise zu einer Reduzierung der Staatsaufgaben und im Idealfall zur Senkung der Staatsausgaben bis auf Null führen müßte[94].

Zwar betrifft Sparsamkeit die Mittelverwendung und fordert „unter Abwägung aller zu berücksichtigenden Umstände den geringstmöglichen Einsatz an Mitteln“[95].

Als Element der Wirtschaftlichkeit darf Sparsamkeit aber die zu erreichenden Ziele nicht außer Acht lassen, wenn sparsames Handeln nicht zu Unwirtschaftlichkeit führen soll. So kann gerade in der Personalverwaltung der Einsatz geringer qualifizierter Kräfte trotz niedrigeren Entgelts bei mangelnder Zielerreichung zu einer falschen, weil letztlich verschwendeten Mittelverwendung führen. Auch Sparsamkeit hat auf die Relation zu achten, so daß nicht in jedem Falle niedrigere Kosten höheren vorzuziehen sind. Entscheidend ist, ob für das zu erreichende Ziel der Mitteleinsatz so gering wie möglich gehalten wurde.

---

88 Ebenda (Diskussionsbeitrag), S. 300.

89 A. a. O., RN 91, S. 53.

90 Vgl. hierzu unten S. 31 ff.

91 So auch *Stern*, a.a.O., S. 438.

92 *Stern*, a.a.O..

93 *Vogel/Kirchhof*, a.a.O., RN 101.

94 *Stern*, a.a.O..

95 *Vogel/Kirchhof*, a.a.O.; vgl. auch *Stern*, a.a.O., S. 437 f.

dd) Wirtschaftlichkeitsgebot und Selbstverwaltung

Da die Berücksichtigung der Grundsätze der Wirtschaftlichkeit und Sparsamkeit gemäß § 69 Abs. 2 SGB IV i.V.m. § 78 Abs. 3 Satz 3 SGB V ein Gesetzesgebot darstellt, unterfällt die Prüfung seiner Einhaltung durch die Kassenärztlichen Vereinigungen einerseits der Rechtskontrolle der Aufsichtsbehörde nach § 78 Abs. 3 Satz 1 SGB V. Da andererseits Verwaltungshandeln in der Regel nicht kostenneutral ist, besteht die Gefahr, daß die Aufsichtsbehörde über die Haushaltskontrolle die Gesetzmäßigkeitskontrolle zu einer Zweckmäßigkeitskontrolle und damit die Rechtsaufsicht zu einer Fachaufsicht ausweitet, insbesondere wenn sie ihre eigene Auffassung über die Wirtschaftlichkeit und Sparsamkeit von Verwaltungstätigkeit an die Stelle derjenigen der Selbstverwaltungskörperschaft setzt. *Seewald*[96] warnt im Hinblick auf die frühere Rechtsprechung des Bundessozialgerichts davor, daß „in Zukunft nahezu jede Entscheidung der Versicherungsträger hinsichtlich ihrer internen Arbeitsgestaltung einer Rechtsaufsicht (im Rahmen der Kontrolle der Wirtschaftlichkeit)" unterzogen werden könne, „die von beachtlicher Eindringtiefe sein dürfte".

Eine Fachaufsicht über die Kassenärztlichen Vereinigungen ist aber vom Gesetz gerade nicht gewollt. Das ergibt sich nicht nur aus dem ausdrücklichen Wortlaut des § 78 Abs. 3 Satz 1 SGB V, sondern auch aus dem Umstand, daß dieselbe Bestimmung nur die entsprechende Geltung der §§ 88f. SGB IV anordnet und damit § 87 einschließlich seines Abs. 2 ausklammert, der für das Gebiet der Unfallverhütung eine Fachaufsicht anordnet.

Es ist daher zu prüfen, ob sich aus dem Sinn und Zweck der Selbstverwaltung sowie aus den Besonderheiten der Kassenärztlichen Vereinigungen Grenzen für die Haushaltskontrolle und damit für ein Umkippen der Rechtsaufsicht in eine Fachaufsicht ergeben.

(1) Sinn und Zweck der Selbstverwaltung

Als Selbstverwaltung kann die „selbständige, fachweisungsfreie Wahrnehmung enumerativ oder global überlassener oder zugewiesener eigener öffentlicher Angelegenheiten durch unterstaatliche Träger oder Subjekte öffentlicher Verwaltung in eigenem Namen" angesehen werden[97].

Grundgedanke der Selbstverwaltung und der Autonomie, die nach Feststellung des *Bundesverfassungsgerichts*[98] im demokratischen und freiheitlichen Verfassungsprinzip wurzeln, ist es, „die in den gesellschaftlichen Gruppen lebendigen Kräfte in eigener Verantwortung zur Ordnung der sie besonders berührenden An-

[96] SGb. 1985, S. 51 (55).

[97] *Wolff/Bachof/Stober*, Verwaltungsrecht II, § 84 IV RN 34, S. 19f.

[98] *E 33*, 125 (159).

gelegenheiten heranzuziehen"[99]. Diese gesellschaftlichen Kräfte sollen aktiviert werden, „die Regelung solcher Angelegenheiten, die sie selbst betreffen und die sie in überschaubaren Bereichen am sachkundigsten beurteilen können", eigenverantwortlich vorzunehmen[100].

Hat der Gesetzgeber einen Träger der öffentlichen Verwaltung mit Selbstverwaltung ausgestattet, was sich für die Kassenärztlichen Vereinigungen explizit aus § 79 SGB V ergibt, so hat die Aufsichtsbehörde bei ihrer Kontrolle diese Entscheidung zu achten und darf sie nicht in der Weise unterlaufen, daß „die Selbstverwaltung zu einem inhaltsleeren Begriff" wird, was das *Bundessozialgericht* ausdrücklich betont hat[101].

Berücksichtigt man, daß das Leistungsrecht im Sozialversicherungsrecht nahtlos durchnormiert und die Entscheidungsfreiheit der Selbstverwaltungskörperschaften daher minimiert ist, so verbleibt eine autonome Entscheidung ohnehin nur noch „in den Bereichen der inneren Organisation und der Finanzverwaltung", wie das *Bundessozialgericht*[102] hervorhebt. Angesichts dieser geschrumpften Eigenverantwortlichkeit bedarf es daher einer um so klareren Abgrenzung zwischen Rechtsaufsicht und Fachaufsicht. Zwar räumt die den Selbstverwaltungskörperschaften aufgegebene Berücksichtigung der Grundsätze von Wirtschaftlichkeit und Sparsamkeit kein Ermessen ein, weil die Träger.der Autonomie nicht zwischen wirtschaftlichem und unwirtschaftlichem Vorgehen frei wählen können. Angesichts ihres Charakters als unbestimmte Rechtsbegriffe[103] und der Notwendigkeit einer Wertung weisen die Subsumtionsentscheidungen in diesen Fällen aber wegen ihres Beurteilungsspielraums eine Verwandtschaft zu den Ermessensentscheidungen auf. Mangels Eindeutigkeit und Präzision enthalten die Begriffe der Wirtschaftlichkeit und Sparsamkeit eine Entscheidungsbandbreite, innerhalb deren je nach dem Ausgangspunkt der eine noch als wirtschaftlich ansehen kann, was für den anderen schon als unwirtschaftlich erscheint. Dürfte die Rechtsaufsicht nicht nur Überschreitungen der Entscheidungsbandbreite kontrollieren, sondern auch innerhalb der Wertungsspielräume die Beurteilung der Selbstverwaltungskörperschaften kassieren und durch eine abweichende ersetzen, so liefe diese Beurteilungskontrolle im Ergebnis auf eine Zweckmäßigkeitskontrolle hinaus, die jedoch bei der Rechtsaufsicht ausgeschlossen und der Fachaufsicht vorbehalten ist. Da diese gesetzlich nicht vorgesehene Fachaufsicht mit der gesetzlich garantierten Selbstverwaltung kollidieren würde, hat das *Bundessozialgericht*[104] entschieden, daß gerade in den Bereichen der inneren Organisation und der Finanzverwaltung „wirtschaftlich ver-

---

99 *BVerfGE*, a.a.O..

100 *BVerfGE 33*, 125 (156).

101 *E 71*, 108 (110); ebenso *Seewald*, SGb. 1985, S. 51 (55f.); *Friauf*, DRV 1982, S. 113 (S. 118 ff.); *Bull*, VSSR 1977, S. 113 (135 f.); *Bethge*, VSSR 1980, S. 237 (258).

102 *E 71*, 108 (110).

103 Siehe oben S. 30.

104 *E 71*, 108 (110).

tretbare Entscheidungen der Versicherungsträger aufsichtsrechtlich hinzunehmen" sind. Damit führt umgekehrt Autonomie zu einer qualitativen Beschränkung von Haushaltsrecht und Haushaltskontrolle[105].

Das *Bundessozialgericht* hat auch in seiner früheren Rechtsprechung gerade für unbestimmte Rechtsbegriffe wie Wirtschaftlichkeit und Sparsamkeit einen „gehörigen Bewertungsspielraum" für die beaufsichtigte Verwaltung reklamiert und dieses „Vorrecht" einer Einschätzungsprärogative durch das Selbstverwaltungsrecht als verstärkt angesehen[106].

Die zuletzt vom *Bundessozialgericht*[107] für die Aufsichtsbefugnis gezogene Grenze der „Vertretbarkeit" besagt inhaltlich nichts anderes. „Vertretbarkeitslehre", „Einschätzungsprärogative", „Beurteilsspielraum" sind lediglich drei theoretische Varianten, um eine nur beschränkte gerichtliche Überprüfung bei der Anwendung unbestimmter Rechtsbegriffe zu begründen[108].

Die Vertretbarkeitslehre geht davon aus, daß bei der Anwendung unbestimmter Rechtsbegriffe in der Regel eine Rechtmäßigkeitskontrolle möglich ist; sie nimmt aber hiervon in Grenzfällen den eigentlichen Bereich der Wertung aus und beläßt ihn in der Verantwortung der Verwaltungsbehörde. Sind in solchen Grenzfällen mehrere Lösungen vertretbar, dann ist die von der Verwaltungsbehörde gewählte und sich im Rahmen des Vertretbaren haltende Entscheidung als rechtmäßig anzusehen[109].

Auch mit Hilfe dieser Theorie läßt sich die Grenze zwischen Entscheidungsfreiheit der Selbstverwaltungskörperschaften und Kontrolldichte der Aufsichtsbehörden nicht exakt und präzise bestimmen. Es stehen aber Kriterien zur Verfügung, um einerseits einen Entscheidungsfreiraum für die autonome Körperschaft zu begründen und andererseits das Gebiet der Rechtskontrolle zu vermessen, auch wenn sich Grauzonen zwischen beiden Bereichen nicht vermeiden lassen. Zunächst darf die Selbstverwaltungskörperschaft, insbesondere wenn sie gesetzlich nicht determinierte Planungsziele aufstellen darf, darüber befinden, was sie als „wirtschaftlich" oder „sparsam" ansieht. Derartige Gestaltungsmöglichkeiten sind zu respektieren[110].

---

105 So P. *Kirchhof*, NVwZ 1983, S. 514 l.Sp.

106 *BSGE 55*, 277 (280); vgl. auch *E 56*, 197 (199); ferner *Krauskopf*, Soziale Krankenversicherung, § 69 SGB IV RN 4; H. *Bogs*, Die Sozialversicherung im Staat der Gegenwart, 1973, S. 197f.; P. *Kirchhof*, NVwZ 1983, S. 514 l.Sp.; *Bull*, VSSR 1977, S. 113 (135); *Friauf*, DRV 1982, S. 113 (S. 121); *Krause*, Aufsicht in der Sozialversicherung, in: Sozialrechtsprechung. Verantwortung für den sozialen Rechtsstaat. Festschrift zum 25jährigen Bestehen des Bundessozialgerichts, Bd. I, S. 185 (S. 197f.); *Seewald*, SGb. 1985, S. 51 (S. 55f.); *Reiter*, DRV 1993, S. 657 (666); *Wolff/Bachof/Stober*, Verwaltungsrecht I, S. 368f.

107 *E 71*, 108 (110).

108 Vgl. dazu *Maurer*, Allgemeines Verwaltungsrecht, § 7 RN 31ff., S. 123ff.; *Wolff/Bachof/Stober*, a.a.O., S. 358ff. (S. 365ff.).

109 Vgl. hierzu *Ule*, Verwaltungsprozeßrecht, S. 6ff. (S. 10, 16).

110 *Seewald*, SGb. 1985, S. 51 (55 sub 7.1).

Nur wenn Bewertung, Beurteilung oder Einschätzung für einen objektiven Betrachter nicht mehr als vertretbar erscheinen, ist der Entscheidungsspielraum überschritten und darf die Aufsichtsbehörde im Rahmen der Rechtskontrolle tätig werden. Für die Differenzierung zwischen Vertretbarkeit und Unvertretbarkeit stellt das Schrifttum vielfach auf das Merkmal der „Offenkundigkeit" ab[111]. *Schnapp*[112] will ein Einschreiten der Rechtsaufsicht nur bei „schwerwiegenden Verstößen" gegen die Grundsätze vernünftigen Verwaltungshandelns zulassen.

(2) Besonderheiten der Kassenärztlichen Vereinigungen

Den Besonderheiten Kassenärztlicher Vereinigungen ist im Rahmen der Aufsichtskontrolle Rechnung zu tragen, weil § 78 Abs. 3 Satz 3 SGB V nur eine „entsprechende" Geltung der §§ 67ff. SGB IV und damit auch des § 69 Abs. 2 anordnet[113].

Zu den Besonderheiten, durch die sich die Kassenärztlichen Vereinigungen von den Versicherungsträgern, für die die §§ 67ff. SGB IV konzipiert sind, unterscheiden, gehören die Pflicht zur Wahrnehmung der Rechte der Vertragsärzte sowie die Art der Mittelaufbringung.

(a) Wahrnehmung der Rechte der Vertragsärzte

Neben den ihnen gesetzlich übertragenen Gewährleistungs- und Sicherstellungsaufgaben haben die Kassenärztlichen Vereinigungen gemäß § 75 Abs. 2 Satz 1 SGB V „die Rechte der Vertragsärzte gegenüber den Krankenkassen wahrzunehmen". Sie sind deshalb ihrer Struktur nach genossenschaftliche Körperschaften zur Wahrung der Rechte der Vertragsärzte[114]. Das *LSG Nordrhein-Westfalen*[115] bezeichnet die Wahrnehmungsbefugnis als „Ausdruck eines genossenschaftlichen Zusammenschlusses der Ärzte mit eher gewerkschaftlichen Zügen" und spricht den Kassenärztlichen Vereinigungen den „Charakter eines Interessenverbandes" zu.

§ 75 Abs. 2 Satz 1 SGB V regelt den Wahrnehmungsumfang nur beispielhaft und nicht abschließend. Deshalb sind die Rechte der Vertragsärzte nicht nur gegenüber den Krankenkassen und ihren Verbänden, sondern auch gegenüber den Aufsichtsbehörden und den Gesetzgebungsorganen wahrzunehmen, soweit es um Gesetze geht, die die vertragsärztliche Versorgung berühren[116].

---

111 *Hess*, in: Kasseler Kommentar, § 78 SGB V RN 4; *Hencke*, in: Peters, Krankenversicherung, § 78 SGB V RN 4, S. 3.

112 In: Schulin (Hg.), Handbuch des Sozialversicherungsrechts, Bd. 1: Krankenversicherungsrecht, § 52 RN 68.

113 Vgl. *Hauck/Haines*, Sozialgesetzbuch SGB V, § 78 RN 5.

114 Ebenso *Hauck/Haines*, a.a.O., § 77 RN 3.

115 Breithaupt 1979, S. 393 (404).

Die Rechtswahrung schließt die Interessenwahrung ein, so daß die Kassenärztlichen Vereinigungen nicht erst tätig werden dürfen, wenn Rechte ihrer Mitglieder verletzt werden, sondern schon dann, wenn, z. B. in Gesetzgebungsverfahren, Interessen betroffen sind[117].

Damit haben die Kassenärztlichen Vereinigungen im Unterschied zu den Sozialversicherungsträgern eine *Doppelfunktion*. Einerseits erledigen sie wie diese Aufgaben der öffentlichen Verwaltung und sind damit Teil der staatlichen Verwaltung im weiteren Sinne, nämlich Träger mittelbarer Staatsverwaltung[118].

Andererseits nehmen sie die gemeinsamen berufsständischen und wirtschaftlichen Interessen der in ihnen zusammengeschlossenen Vertragsärzte wahr[119]. Diese Doppelfunktion hat das *Bundesverfassungsgericht*[120] als so bedeutsam angesehen, daß es den insoweit vergleichbaren Handwerksinnungen jedenfalls insoweit Grundrechtsfähigkeit zuerkennen will, als es um die berufsständische Interessenvertretung geht. Diese Rechts- und Interessenwahrnehmung für die Mitglieder ist in letzter Zeit um so bedeutsamer geworden, als der Gesetzgeber zur Begrenzung der Kostensteigerung in der Krankenversicherung[121] durch Reform- und Strukturgesetze dirigistische Maßnahmen ergriffen hat, die sich vielfach gegen die Vertragsärzte richten und deren Verfassungsmäßigkeit mitunter zweifelhaft erscheint, wie z. B. die Zulassungsversagung nach Vollendung des 55. Lebensjahres (§ 98 Abs. 2 Nr. 12 SGB V)[122].

Diese gesundheitspolitischen Auseinandersetzungen können ein stärkeres Engagement der Kassenärztlichen Vereinigungen erfordern, für das unter Umständen zusätzliche Mittel z. B. für Pressekonferenzen, Anzeigenkampagnen und Lobbyismus benötigt werden. Dürfte die zuständige Aufsichtsbehörde, die im Falle der Kassenärztlichen Bundesvereinigung (vgl. § 78 Abs. 1 SGB V) mit dem Träger der Gesetzesinitiative teilidentisch ist (vgl. Art. 76 Abs. 1 GG), im Wege der Rechtsaufsicht eine verstärkte Rechts- und Interessenwahrnehmung als „unwirtschaftlich" beanstanden, so wären die Kassenärztlichen Vereinigungen in ihrer gesetzlich verankerten Aufgabenwahrnehmung sowie in ihren verfassungsrechtlich gewährleisteten Grundrechten verletzt. Insbesondere könnte die Bundesregierung einerseits Gesetzesentwürfe mit Belastungen für Vertragsärzte einbringen und andererseits über den Bundesminister für Arbeit und Sozialordnung dafür sorgen, daß jede Öffentlichkeitsarbeit zur Abwehr der Gesetzesvorhaben als unwirtschaftlich unter-

---

116 *Hess*, in: Kasseler Kommentar, § 75 SGB V RN 33.

117 Vgl. auch *Krauskopf*, Soziale Krankenversicherung , § 77 SGB V RN 6.

118 Vgl. *BSGE 11*, 1 (5f.).

119 Vgl. *Hess*, in: Kasseler Kommentar, § 77 SGB V RN 14.

120 *E 68*, 193 (208f.).

121 Vgl. hierzu auch *Gitter*, Sozialrecht, S. 62ff.

122 Vgl. Vorlagebeschluß des *BSG* vom 16. 6. 1993 NJW 1994, S. 2440; *Wigge*, SGb. 1994, S. 310ff.; *Merten*, in: Schulin (Hg.), Handbuch des Sozialversicherungsrechts, Bd. 1: Krankenversicherung, § 5 RN 85.

bunden wird. Daher gebietet nicht nur Selbstverwaltungsrecht, sondern vor allem die genossenschaftliche Funktion der Kassenärztlichen Vereinigungen eine gesetzeskonforme – und wegen der Grundrechtsfähigkeit der Kassenärztlichen Vereinigungen[123] auch eine verfassungskonforme –, d. h. restriktive Interpretation der Wirtschaftlichkeits- und Sparsamkeitskontrolle im Rahmen der nur „entsprechenden" Geltung des § 69 Abs. 2 SGB IV.

(b) Mittelaufbringung

Bei nur „entsprechender" Anwendung des § 69 Abs. 2 SGB IV ist die unterschiedliche Art der Mittelaufbringung bei Versicherungsträgern und Kassenärztlichen Vereinigungen zu berücksichtigen. Werden die Ausgaben der Krankenkassen gemäß § 3 Satz 1 SGB V durch Beiträge finanziert, so sind die Mittel für die Aufgaben der Kassenärztlichen Vereinigungen allein durch ihre Mitglieder, d. h. die Vertragsärzte, aufzubringen.

Dieser Unterschied ist für die Wirtschaftlichkeits- und Sparsamkeitskontrolle von großer Bedeutung. Denn Fundament aller Versuche, die Wirtschaftlichkeit als allgemeines Verfassungs- oder Rechtsprinzip abzuleiten, ist die These, „daß der Staat als Treuhänder der Allgemeinheit mit deren Mitteln wirtschaftlich umgehen und übermäßige Maßnahmen unterlassen muß"[124].

In ähnlicher Weise betont das *Bundesverwaltungsgericht*[125], daß „den Staat und die Gemeinde gleichermaßen die Verantwortung für die sparsame Bewirtschaftung der öffentlichen Mittel, die von der Allgemeinheit aufgebracht werden müssen, trifft".

Konsequenterweise wird die Verwendung „öffentlicher Gelder" teilweise zum Begriffselement des Wirtschaftlichkeitsprinzips gemacht. So bedeutet der Grundsatz der Wirtschaftlichkeit und Sparsamkeit nach *Gleitze*[126], „daß öffentliche Gelder nur insoweit in Anspruch genommen werden können, als sie zur Erfüllung eines im Haushaltsplan vorgesehenen Zwecks unbedingt erforderlich und die Ausgaben in dem Zeitpunkt auch notwendig sind".

Kirchhof[127] umschreibt Wirtschaftlichkeit als „die Qualität wahrende Sparsamkeit bei der Bewirtschaftung staatlicher Finanzmittel".

Im Unterschied zu staatlichen Mitteln können private Mittel unbeschadet gesetzlicher Spezialregelungen auch unwirtschaftlich und selbst verschwenderisch verwendet werden. Die grundgesetzliche Eigentumsgarantie schützt auch den Gebrauch des Eigentums (arg. Art. 14 Abs. 2 Satz 2 GG), so daß der Eigentümer

123 Siehe jedoch *BVerfGE 62*, 354 (369).

124 *von Arnim*, Wirtschaftlichkeit als Rechtsprinzip, S. 79.

125 *E 18*, 135 (141).

126 In: Gleitze/Krause/von Maydell/Merten, GK-SGB IV, § 69 RN 5.

127 NVwZ 1983, S. 505 r.Sp.

einer Sache mit ihr grundsätzlich nach Belieben verfahren darf (§ 903 BGB) und nicht einmal mehr die Gefahr läuft, wegen Verschwendung entmündigt zu werden, solange keine psychische Krankheit oder eine geistige oder seelische Behinderung eine Betreuung erfordert (§ 1896 Abs. 1 BGB)[128].

Wirtschaftlich betrachtet, sind die von dem einzelnen Vertragsarzt geschuldeten Verwaltungskostenanteile zur Finanzierung der Kassenärztlichen Vereinigungen private und nicht öffentliche Mittel. Wenn die Verwaltungskostenanteile auch der Einfachheit halber bei der Verteilung der Gesamtvergütung auf die einzelnen Vertragsärzte[129] einbehalten werden, so handelt es sich doch um einen prozentualen Teil des dem Vertragsarzt zustehenden Entgelts. Dieser Beitrag ist ebenso zu werten, wie wenn ihn der Vertragsarzt anstelle einer Verrechnung gesondert aus seinem Vermögen überwiese.

Während ein unwirtschaftliches Verhalten der Krankenkassen zur Beitragserhöhung führen muß (vgl. § 3 Satz 1 SGB V), wenn man die „sonstigen Einnahmen" vernachlässigt (vgl. § 220 Abs. 1 Satz 1 SGB V), tritt diese Folge nicht ein, wenn die Kassenärztlichen Vereinigungen gegen das Wirtschaftlichkeitsprinzip verstoßen, weil die Gesamtvergütung davon nicht betroffen wird und deshalb auch die Ausgaben der Krankenkassen nicht steigen. Zwar mindern sich bei einer Erhöhung des Verwaltungskostenanteils die Einnahmen des einzelnen Vertragsarztes, was jedoch auch bei einer Erhöhung der Steuern oder sonstiger Kosten geschieht. Selbst wenn man den Verwaltungskostenanteil zu den „Praxiskosten" im Sinne von § 85 Abs. 3 SGB V rechnet, so führt eine Steigerung nicht zur automatischen Anhebung der Gesamtvergütung, weil die Praxiskosten nur ein Faktor neben anderen zu berücksichtigenden Faktoren sind.

Ist das Ziel der Wirtschaftlichkeitskontrolle nach allem auf die sparsame Verwendung *öffentlicher Mittel* gerichtet, so gebietet der Normzweck zumindest eine restriktive Interpretation der Kontrollbefugnis, wenn die zu kontrollierenden Mittel nicht aus öffentlichen Kassen fließen. Die Selbstverwaltungsgarantie umschließt grundsätzlich auch eine selbstverantwortliche Finanzgebarung der autonomen Körperschaft[130].

Da die Art der Aufbringung und Verwaltung der Mittel in der von der Vertreterversammlung zu beschließenden Satzung geregelt sein muß (§ 81 Abs. 1 Nr. 5 SGB V) und die Höhe der jeweiligen Umlage gegebenenfalls zusammen mit der Genehmigung des Haushaltsplans von der Vertreterversammlung festgesetzt wird[131], können die Mitglieder in ihrem eigenen wirtschaftlichen Interesse selbst

---

128 §§ 6, 114 BGB, wonach eine Entmündigung wegen Verschwendung im Falle der Notstandsgefahr möglich war, sind durch Art. 1 Nr. 1 und 3 des Gesetzes zur Reform des Rechts der Vormundschaft und Pflegschaft (Betreuungsgesetz) vom 12. 9. 1990 (BGBl. I S. 2002) aufgehoben worden.

129 Vgl. hierzu statt aller *Rüfner*, Einführung in das Sozialrecht, S. 175.

130 So ausdrücklich *Bayer. LSG*, Breithaupt 1959, S. 193 (S. 195 Mitte).

131 Vgl. *Hess*, in: Kasseler Kommentar, § 81 SGB V RN 11, S. 4.

über die Wirtschaftlichkeit und Sparsamkeit der Mittelverwendung befinden und dies auch kontrollieren. Da sie die finanziellen Konsequenzen ihrer Beschlüsse selbst tragen müssen und die Folgen nicht den Versicherten überbürden können, besteht kein Anlaß für eine stringente Kontrolle[132].

c) Verletzung des Wirtschaftlichkeitsgrundsatzes

Obwohl für die Kassenärztlichen Vereinigungen nur die *Grundsätze* der Wirtschaftlichkeit und Sparsamkeit gelten, diese nur im Rahmen der Aufgabenerfüllung zu ***berücksichtigen*** sind und die aufsichtsbehördliche Kontrolle das Selbstverwaltungsrecht der Körperschaften unter Beachtung der selbstverantwortlichen Finanzgebarung zu achten hat, bestehen allgemeine und besondere Grenzen, deren Überschreitung eine Verletzung des Wirtschaftlichkeits- und Sparsamkeitsgebots darstellt.

aa) Überschreiten des Aufgabenkreises

Trotz ihres Charakters als Körperschaften des öffentlichen Rechts (§ 77 Abs. 5 SGB V) sind die Kassenärztlichen Vereinigungen nicht *allkompetent* und können den Kreis ihrer Aufgaben nicht frei bestimmen. Dies folgt aus § 77 Abs. 1 Satz 1 SGB V, wonach die Kassenärzte „zur Erfüllung der ihnen durch dieses Buch übertragenen Aufgaben der vertragsärztlichen Versorgung" Kassenärztliche Vereinigungen bilden. Die gesetzlich übertragenen Aufgaben der Kassenärztlichen Versorgung und nur diese sind Legitimations*grund*, aber auch Legitimations*grenze* der zu ihrer Erfüllung geschaffenen juristischen Personen des öffentlichen Rechts. Zu den gesetzlich übertragenen Aufgaben vertragsärztlicher Versorgung gehört auch die Wahrnehmung der Rechte der Vertragsärzte gegenüber den Krankenkassen (§ 75 Abs. 2 Satz 1 SGB V). Deshalb haben die Kassenärztlichen Vereinigungen eine Doppelfunktion, weil sie sowohl Aufgaben der öffentlichen Verwaltung erledigen als auch berufsständische und wirtschaftliche Interessen ihrer Mitglieder wahrnehmen[133].

Wenn sich auch die einzelnen Aufgaben der Kassenärztlichen Vereinigungen nicht enumerativ aufführen lassen, so zieht doch die vertragsärztliche Versorgung eine Aufgabengrenze mit der Folge, daß die Tätigkeit der Kassenärztlichen Vereinigungen einen Bezug zu dieser Aufgabenzuweisung enthalten muß. Allgemeinpolitische Aktivitäten, z. B. in außenpolitischen Angelegenheiten, oder Auseinandersetzungen mit Parteien, Religionsgemeinschaften oder Verbänden jenseits berufsständischer Veranlassung gehören nicht zu den Agenden Kassenärztlicher Vereinigungen[134].

---

132 Ebenso *Hencke*, in: Peters, Handbuch der Krankenversicherung, § 78 SGB V RN 4 a.E.

133 Hierzu oben S. 36ff.

Bei Verstößen handeln die Kassenärztlichen Vereinigungen nicht nur gesetzeswidrig, sondern verletzen im Falle der Verwendung von Finanzmitteln auch die Grundsätze von Wirtschaftlichkeit und Sparsamkeit. Jede aufgabenwidrige und damit gesetzeswidrige Aufwendung ist als solche auch unwirtschaftlich. Denn eine nicht geschuldete oder nicht gestattete Aufgabenerfüllung ist eine Leistung ohne rechtlichen Grund und führt zu einer ungerechtfertigten Entreicherung.

Für die Versicherungsträger ordnet § 30 Abs. 1 SGB IV ausdrücklich an, daß sie „nur Geschäfte zur Erfüllung ihrer gesetzlich vorgeschriebenen oder zugelassenen Aufgaben führen und ihre Mittel nur für diese Aufgaben sowie die Verwaltungskosten verwenden" dürfen. Wenn die entsprechende Geltung dieser Vorschrift für Kassenärztliche Vereinigungen auch nicht ausdrücklich angeordnet ist, so ergibt sich die Anwendbarkeit doch aus einer Zusammenschau der §§ 77 Abs. 1, 78 Abs. 3 SGB V i.V.m. § 69 Abs. 2 SGB IV, weil die Aufsichtsbehörden auf Grund dieser Vorschriften eine gesetzesüberschreitende Tätigkeit der Kassenärztlichen Vereinigungen im Wege der Rechtskontrolle, aber auch im Rahmen der Wirtschaftlichkeitskontrolle zu beanstanden haben. Denn wenn schon – allerdings unter Wahrung einer Beurteilungs- und Einschätzungsprärogative der Kassenärztlichen Vereinigungen – gegen unwirtschaftliches Handeln bei aufgabenkonformen Maßnahmen eingeschritten werden muß, so gilt dies im Wege des Erst-recht-Schlusses um so eher für aufgabenüberschreitendes Handeln.

bb) Verbot des Rechtsmißbrauchs

Eine ungeschriebene Schranke jeder Kompetenzausübung stellt das *Mißbrauchsverbot* dar. Es handelt sich hier nach Feststellung des *Bundesverfassungsgerichts*[135] „um eine Ausprägung des allgemeinen Rechtsgedankens, daß die mißbräuchliche Ausübung eines Rechts von der Rechtsordnung nicht geschützt wird". Mißbräuchlich ist die Ausübung eines Rechts, wenn sie gegen dessen Sinn und Zweck verstößt. Daher handelt rechtsmißbräuchlich, „wer von einem Recht zu anderem Zwecke Gebrauch macht, als wozu es ihm verliehen ist"[136].

Mißbräuchliche Rechtsausübung liegt vor, wenn ein Handeln auf gesetzesfremden, insbesondere unsachlichen Beweggründen beruht oder im Einzelfall gegen die guten Sitten oder Treu und Glauben verstößt[137]. Nicht jedes unwirtschaftliche Handeln ist daher auch rechtsmißbräuchlich. Vielmehr bedarf es des Hinzutretens weiterer Merkmale.

---

134 Ebenso *LSG Nordrhein-Westfalen*, Breithaupt 1979, S. 393 (403 ff.); vgl. auch *Krauskopf*, Soziale Krankenversicherung , § 77 SGB V RN 6.

135 *E 24*, 119 (147).

136 *Bettermann*, Grenzen der Grundrechte, S. 11.

137 Vgl. *Larenz*, Allgemeiner Teil des deutschen Bürgerlichen Rechts, S. 232 f.

Im Rahmen einer Entschädigungsregelung für ehrenamtliche Tätigkeit läge Rechtsmißbrauch beispielsweise vor, wenn mit allzu großzügigen und einen angemessenen Aufwand bei weitem übersteigenden Reisekostenpauschalen in Wirklichkeit finanzielle Zuwendungen *beabsichtigt* sind, so daß zu dem objektiv überhöhten Ansatz ein zusätzlicher finaler Beweggrund hinzutritt. Davon kann jedoch dann nicht die Rede sein, wenn sich Pauschbeträge innerhalb vertretbarer Grenzen halten.

cc) Offenkundige Unwirtschaftlichkeit

Mit Rücksicht auf den Einschätzungs- und Beurteilungsspielraum der Kassenärztlichen Vereinigungen sowie ihr Selbstverwaltungsrecht einschließlich einer selbstverantwortlichen Finanzgebarung, der angesichts eigener Mittelaufbringung besondere Bedeutung zukommt, hat sich die Kontrolle der zu berücksichtigenden Grundsätze der Wirtschaftlichkeit und Sparsamkeit auf „schwerwiegende Verstöße" bzw. „offenkundige" oder evidente Grenzüberschreitungen zu beschränken[138]. Wirtschaftlichkeitskontrolle darf daher nicht darin bestehen, die Auffassung der Aufsichtsbehörde von wirtschaftlichem und sparsamem Verhalten an die Stelle derjenigen der Kassenärztlichen Vereinigungen zu setzen.

Richtpunkt für die Überprüfung von Entschädigungsregelungen für ehrenamtliche Tätigkeit in Kassenärztlichen Vereinigungen muß die *nebenberufliche* Wahrnehmung der Aufgaben[139] durch *Ärzte* sein. Diese fallen in der Regel nicht in die untere Einkommensskala, sondern gehören auf Grund von Vorbildung und Verantwortung der Gruppe der „Besserverdienenden" an. Bei der Bemessung von Tage- und Übernachtungsgeldern, der Entschädigung im Einzelfall sowie der Pauschalentschädigungen einschließlich der Übergangsentschädigungen ist daher auf die Angemessenheit für *ärztliche Verhältnisse* abzustellen. Für Einheitsbetrachtungen und Durchschnittswertungen ist um so weniger Raum, als die Entschädigungen nicht aus öffentlichen Mitteln, insbesondere Versicherungsbeiträgen oder Steuern erbracht, sondern von den Vertragsärzten selbst finanziert werden. Da die Kassenärztlichen Vereinigungen zugleich der berufsständischen Rechts- und Interessenwahrnehmung zu dienen haben[140], kann es im beruflichen und wirtschaftlichen Interesse ihrer Mitglieder liegen, die ehrenamtlichen Funktionen auch für angesehene Persönlichkeiten und Kapazitäten mit Spitzeneinkommen attraktiv zu machen. Aus diesem Grunde darf eine Wirtschaftlichkeitskontrolle nicht auf Durchschnittswerte verweisen, weil darunter die Aufgabenwahrnehmung leiden könnte. Wer durchschnittlich entlohnt, kann auch nur durchschnittliche Leistungen erwarten. Auch wenn Entschädigungen dem Wortlaut nach keine „echte Entlohnung für die geleistete Tätigkeit" sein sollen, so müssen sie „doch in etwa einen

---

138 Vgl. oben S. 36.

139 Vgl. oben S. 13 f.

140 Vgl. oben S. 37 f.

billigen Ausgleich dafür schaffen, daß sich der Inhaber des Ehrenamtes im Interesse der Allgemeinheit für eine besondere Aufgabe zur Verfügung gestellt hat"[141].

Die Verweisung auf Durchschnittseinkommen würde die Kassenärztlichen Vereinigungen in ihrem gesetzlich garantierten Selbstverwaltungsrecht beschränken, da deren Mitglieder insbesondere in Zeiten heftiger sozialpolitischer Auseinandersetzungen um die Kosten der Krankenversicherung sowie um kassenärztliche Zulassungen und Einkommen sich auch für eine optimale Repräsentation entscheiden dürfen, zumal wenn sie die finanziellen Lasten hierfür selbst tragen. Aufgabe von Entschädigungsregelungen muß es nach Feststellung des *Bayerischen Landessozialgerichts*[142] auch sein, zu gewährleisten, „daß sich zur Übernahme solcher Ehrenämter auch Personen bereitfinden, die aus wirtschaftlichen Gründen eine Tätigkeit für die Allgemeinheit ablehnen müssten, wenn ihnen nicht als billiger Ausgleich hierfür eine Entschädigung gewährt werden würde", was weniger für Ärzte an der unteren Einkommensschwelle als für Spitzenverdiener gilt[143].

Negative Auswirkungen einer an Ärzteeinkommen orientierten Entschädigung auf andere juristische Personen im Sozialversicherungsrecht sind deshalb nicht zu befürchten, weil „die jeweiligen Verhältnisse der betreffenden Körperschaft oder Anstalt des öffentlichen Rechts" maßgebend sind[144]. Da die Versicherungsträger ihre Ausgaben aus Versicherungsbeiträgen bestreiten, während die Mittel der Kassenärztlichen Vereinigungen nur von den Vertragsärzten aufgebracht werden, sind unterschiedliche Entschädigungsregelungen gerechtfertigt.

Nach allem können sich Pauschalentschädigungen durchaus an Spitzeneinkommen der Vertragsärzte orientieren, wobei zusätzlich zu berücksichtigen ist, daß die ehrenamtliche Tätigkeit nebenberuflich erbracht wird und deshalb die übliche Arbeitszeit übersteigen kann.

Nur wenn die Pauschalentschädigung auch unter Zugrundelegung von Spitzeneinkommen in keinem vernünftigen Verhältnis mehr zum Umfang der ehrenamtlichen Tätigkeit stehen, kann von offenkundiger Unwirtschaftlichkeit oder einer Verletzung des Willkürverbots die Rede sein[145].

Bei den Übergangsentschädigungen muß eine vernünftige Relation zwischen Umfang und Dauer der ehrenamtlichen Tätigkeit sowie Höhe und Dauer der Pauschalentschädigung gewahrt sein.

---

141 So *Bayer. LSG*, Breithaupt 1959, S. 193 (S. 195).

142 Breithaupt 1959, S. 193 (195).

143 Ähnlich *Hencke*, in: Peters, Handbuch der Krankenversicherung, § 78 SGB V RN 4 a.E.

144 *Bayer. LSG*, Breithaupt 1959, S. 193 (S. 195f.).

145 Ebenso *Hencke*, in: Peters, Handbuch der Krankenversicherung, § 78 SGB V RN 4.

Zwischenergebnis:

a) Gemäß §§ 78 Abs. 3 Satz 2 SGB V i.V.m. 69 Abs. 2 SGB IV haben die Kassenärztlichen Vereinigungen bei Aufstellung und Ausführung des Haushaltsplans sicherzustellen, daß sie die ihnen obliegenden Aufgaben unter Berücksichtigung der Grundsätze der Wirtschaftlichkeit und Sparsamkeit erfüllen können. Da die Sicherstellung der Aufgabenerfüllung vorrangiges Gesetzesziel ist, werden Wirtschaftlichkeit und Sparsamkeit modifiziert, wobei diese darüber hinaus nicht zu „beachten", sondern nur in ihren „Grundsätzen" zu „berücksichtigen" sind, womit eine geringere normative Bindungswirkung ausgedrückt wird.

b) In Anlehnung an die Wirtschaftswissenschaften kann Wirtschaftlichkeit als das Prinzip formuliert werden, entweder mit gegebenen Mitteln ein Ziel bestmöglich zu verwirklichen oder ein bestimmtes Ziel mit kleinstmöglichen Mitteln zu realisieren. Sparsamkeit betrifft die Mittelverwendung und fordert „unter Abwägung aller zu berücksichtigenden Umstände den geringstmöglichen Einsatz an Mitteln". In der öffentlichen Verwaltung kommt es jedoch anders als in der Privatwirtschaft nicht entscheidend auf Gewinnoptimierung und Höhe des finanziellen Ertrags an. Im Bereich der Staatstätigkeit steht vielmehr der Nutzen für die Allgemeinheit im Vordergrund, der sich vielfach nicht quantifizieren läßt, insbesondere wenn der Gesetzgeber keine festumrissenen Geldleistungen vorgibt, sondern der Verwaltung die Bestimmung ihrer Ziele weitgehend selbst überläßt.

c) Hat der Gesetzgeber den Kassenärztlichen Vereinigungen das Selbstverwaltungsrecht verliehen, so darf die Aufsichtsbehörde diese Entscheidung nicht unterlaufen und über die Haushaltskontrolle die Gesetzmäßigkeitskontrolle zu einer Zweckmäßigkeitskontrolle und damit die Rechtsaufsicht zu einer Fachaufsicht ausweiten. Vielmehr steht den Kassenärztlichen Vereinigungen hinsichtlich der Wirtschaftlichkeit und Sparsamkeit ein Einschätzungs- und Beurteilungsspielraum zu, so daß wirtschaftlich vertretbare Entscheidungen der Selbstverwaltungskörperschaft aufsichtsrechtlich hinzunehmen sind. Nur bei „offenkundigen" oder „schwerwiegenden" Verstößen oder einer Verletzung des Willkürverbots ist ein Einschreiten der Rechtsaufsicht gerechtfertigt.

d) Jede Rechtskontrolle hat zudem die Besonderheiten der Kassenärztlichen Vereinigungen zu berücksichtigen. Sie bestehen zum einen in der zusätzlichen Funktion, die Rechte und Interessen der Mitglieder zu wahren (vgl. § 75 Abs. 2 Satz 1 SGB V). Diese berufsständische Aufgabe gebietet eine restriktive Interpretation der Wirtschaftlichkeits- und Sparsamkeitskontrolle, weil diese anderenfalls unter dem Deckmantel der „Unwirtschaftlichkeit" eine sozialpolitisch unerwünschte Interessenwahrung behindern könnte. Zum anderen ist zu beachten, daß die Mittel für die Aufgabenwahrnehmung der Kassenärztlichen Vereinigungen anders als bei den Versicherungsträgern nicht aus den Versicherungsbeiträgen fließen, sondern von den Vertragsärzten aufgebracht werden. Da es sich somit um private Mittel handelt, das Ziel der Wirtschaftlichkeitskontrolle aber auf die sparsame

Verwendung öffentlicher Mittel gerichtet ist, gebietet der Normzweck wiederum eine enge Interpretation der Kontrollbefugnis.

e) Die Grundsätze von Wirtschaftlichkeit und Sparsamkeit werden verletzt, wenn die Kassenärztlichen Vereinigungen ihren Aufgabenkreis überschreiten, weil jede gesetzwidrige Aufgabenwahrnehmung im Falle der Verwendung von Finanzmitteln auch unwirtschaftlich ist. Eine weitere ungeschriebene Schranke stellt das Verbot des Rechtsmißbrauchs dar. Eine die Rechtskontrolle zum Einschreiten berechtigende offenkundige Unwirtschaftlichkeit liegt nur vor, wenn unter Zugrundelegung ärztlicher Verhältnisse und bei Berücksichtigung selbst von Spitzeneinkommen Pauschalentschädigungen in keinem vernünftigen Verhältnis zu Umfang und Dauer ehrenamtlicher Tätigkeit stehen.

C. Vergütung für hauptamtliche Tätigkeit

I. Fehlende Dienstherrnfähigkeit der Kassenärztlichen Vereinigungen

Ungeachtet des Verfassungsauftrags in Art. 33 Abs. 4 GG, die Ausübung hoheitlicher Befugnisse als ständige Aufgabe in der Regel solchen Angehörigen des öffentlichen Dienstes zu übertragen, die in einem öffentlich-rechtlichen Dienst- und Treueverhältnis stehen[146], setzt die Befugnis, Beamtenverhältnisse zu begründen, nach geltendem Beamtenrecht die *Dienstherrnfähigkeit* der jeweiligen juristischen Person des öffentlichen Rechts voraus. Zum einen steht die Dienstherrnfähigkeit gemäß § 121 Beamtenrechtsrahmengesetz (BRRG) dem Bund, den Ländern, den Gemeinden und den Gemeindeverbänden als solchen zu, so daß diese gleichsam „geborene" Dienstherren sind. Juristischen Personen des öffentlichen Rechts, die die Dienstherrnfähigkeit nicht bei Inkrafttreten des Gesetzes, also am 1. September 1957, besaßen (vgl. § 142 BRRG), muß das Recht, Beamte zu haben, ausdrücklich durch Gesetz, Rechtsverordnung oder Satzung verliehen werden, wodurch diese juristischen Personen gleichsam „gekorene" Dienstherren werden.

Den Sozialversicherungsträgern ist die Dienstherrnfähigkeit nicht grundsätzlich fremd. Das zeigen nicht nur §§ 349, 351 RVO, sondern indiziert auch § 67 Abs. 2 SGB IV, wonach im Haushaltsplan der Versicherungsträger die Stellen für die Beamten und die dienstordnungsmäßig Angestellten nach Besoldungsgruppen auszubringen sind.

Da die Kassenärztlichen Vereinigungen jedoch bei Inkrafttreten des Beamtenrechtsrahmengesetzes keine Dienstherrnfähigkeit besaßen und diese ihnen auch nicht später verliehen wurde, können sie keine Beamtenverhältnisse begründen, so daß sich die Vergütung für hauptamtliche Tätigkeit bei den Kassenärztlichen Vereinigungen auch nicht unmittelbar nach Beamtenrecht richten kann.

Das ist auch darauf zurückzuführen, daß sie privatrechtlichen, nicht öffentlich-rechtlichen Ursprungs sind[147]. Sie gehen auf die privatrechtlichen Kassenarztvereine, die späteren Kassenärztlichen Vereinigungen zurück. Erst 1933[148] wurde die Kassenärztliche Vereinigung Deutschlands als Körperschaft des öffentlichen Rechts gegründet. Das Gesetz über das Kassenarztrecht[149] schuf dann den föderali-

---

[146] Hierzu *Lerche*, Verbeamtung als Verfassungsauftrag.

[147] Vgl. zur Geschichte *Wiegand*, Kassenarztrecht, Einführung, S. 2 ff.

[148] Verordnung vom 2. 8. 1933 (RGBl. I S. 567).

stischen Aufbau der Kassenärztlichen Vereinigungen und machte gemäß dem neu eingefügten § 368 k Abs. 3 Satz 1 RVO die Kassenärztlichen Vereinigungen und die Kassenärztlichen Bundesvereinigungen zu Körperschaften des öffentlichen Rechts.

II. Unanwendbarkeit des Dienstordnungsrechts

Im Krankenversicherungsrecht und im Unfallversicherungsrecht ist vorgesehen, daß für die Angestellten der Versicherungsträger Dienstordnungsrecht gilt (§§ 351, 690 RVO). Sinn und Zweck des Dienstordnungsrechts war es, durch beamtenähnliche Sicherungen die Versicherungsträger in die Lage zu versetzen, fähiges Personal anzustellen[150].

Ungeachtet der materiell-rechtlichen Angleichung des Dienstordnungsrechts an das Beamtenrecht stehen die DO-Angestellten nicht in einem öffentlich-rechtlichen, sondern in einem privatrechtlichen Beschäftigungsverhältnis[151].

Das DO-Dienstverhältnis ist letztlich nur eine Sonderform des bürgerlich-rechtlichen Dienstvertrags im öffentlichen Dienst[152]. Trotz der Ausrichtung am Beamtenrecht enthielt das Dienstordnungsrecht in der Vergangenheit zahlreiche Vergünstigungen wie Fahrtkostenzuschuß, Jubiläumszuwendungen, Förderung von Gemeinschaftsveranstaltungen[153].

Art. VIII des 2. BesVNG[154] mit seinen „besonderen Vorschriften für den Bereich der Sozialversicherung" hat dann zum Wegfall verschiedener Vergünstigungen im Dienstordnungsrecht und zu einer gesetzlichen Festsetzung und Angleichung der Bezüge der DO-Angestellten an das Beamtenrecht geführt. Das Gesetz schreibt für die DO-Angestellten im Bereich der bundesunmittelbaren und landesunmittelbaren Körperschaften des öffentlichen Rechts im Bereich der Sozialversicherung nicht nur die Einhaltung des für die Beamten geltenden Besoldungs- und Stellengefüges vor (Art. VIII § 1 Abs. 1 Nr. 1 und § 2 Abs. 1 Nr. 1), sondern setzt auch für die Dienstposten der Geschäftsführer und stellvertretenden Geschäftsführer der Krankenkassen und Berufsgenossenschaften einschließlich der Verbände einen Zuordnungsrahmen fest. Die Verfassungsmäßigkeit dieser Vereinheitlichung des Besoldungsrechts im Bereich der Sozialversicherungsträger war umstritten[155].

---

149 Gesetz über Änderungen von Vorschriften des Zweiten Buches der Reichsversicherungsordnung und zur Ergänzung des Sozialgerichtsgesetzes (Gesetz über Kassenarztrecht – GKAR) vom 17. 8. 1955 (BGBl. I S. 513).

150 Ähnlich *Peters*, in: Kasseler Kommentar, § 351 RVO RN 4.

151 Vgl. statt aller *BSGE* 2, 53 (57ff., 61).

152 *BSGE* 2, 53 (61).

153 Zu letzterer *BSGE* 56, 197; vgl. auch *Peters*, in: Kasseler Kommentar, § 351 RVO RN 11.

154 Zweites Gesetz zur Vereinheitlichung und Neuregelung des Besoldungsrechts in Bund und Ländern vom 23. 5. 1975 (BGBl. I S. 1173).

Da das Sozialversicherungsrecht jedoch keine Dienstordnungen für die Angestellten Kassenärztlicher Vereinigungen kennt, kann das Dienstordnungsrecht auf die Rechtsverhältnisse der Beschäftigten dieser Körperschaften des öffentlichen Rechts nicht angewendet werden.

III. Maßgeblichkeit des Zivil- und Arbeitsrechts

1. Grundsätzliches

Soweit bundesunmittelbare oder landesunmittelbare Körperschaften des öffentlichen Rechts nicht durch öffentliches Recht berechtigt oder verpflichtet werden, sind sie auf das Privatrecht verwiesen. Ohnehin geht die Rechtsordnung von der Voraussetzung aus, daß der Staat benötigte Sachgüter und Leistungen im rechtsgeschäftlichen Verkehr, also am Markt, zu erwerben hat[156].

Auch das Grundgesetz akzeptiert die Verwendung privatrechtlich beschäftigter Angestellten selbst bei der Ausübung hoheitsrechtlicher Befugnisse. Denn der Beamtenvorbehalt (Funktionsvorbehalt) des Art. 33 Abs. 4 GG[157] schreibt nur vor, daß die Ausübung hoheitsrechtlicher Befugnisse als ständige Aufgabe in der Regel den Beamten zu übertragen ist, so daß als Ausnahme und vorübergehend der Einsatz von Angestellten verfassungsrechtlich gestattet ist.

Mangels Dienstherrnfähigkeit[158] können sich die Kassenärztlichen Vereinigungen auch für ihre hoheitsrechtlichen Aufgaben nur privatrechtlich beschäftigter Angestellten bedienen. Dienst- und Arbeitsverhältnisse werden gemäß §§ 611 BGB begründet. In der Ausgestaltung sind die Parteien frei, soweit nicht zwingende gesetzliche Vorschriften oder Kollektivvereinbarungen entgegenstehen[159].

Ob und inwieweit arbeitsschutzrechtliche Bestimmungen eingreifen, ist eine Frage des Inhalts des Einzelvertrags[160]. Unmittelbare tarifrechtliche Bindungen bestehen für Kassenärztliche Vereinigungen nicht, da diese nicht Mitglied eines tarifschließenden Verbandes sind und es demzufolge an der Tarifgebundenheit mangelt[161].

---

155 Vgl. *Hanau*, Die Bedeutung des Art. VIII 2. BesVNG für Tarifverträge zur Regelung der Arbeitsverhältnisse von Dienstordnungs-Angestellten der Sozialversicherungsträger, passim; *Ule*, Zum neuen Besoldungsrecht der Dienstordnungsangestellten, in: VSSR 1976, S. 305 ff.; *Bieback*, Verfassungsrechtliche Probleme der Vereinheitlichung der Besoldung der Angestellten und Arbeiter der Sozialversicherungsträger, in: VSSR 1979, S. 111 ff.

156 *Forsthoff*, Der Staat als Auftraggeber, S. 7.

157 Vgl. hierzu *Merten*, in: Magiera/Siedentopf, Das Recht des öffentlichen Dienstes in den Mitgliedstaaten der Europäischen Gemeinschaft, S. 192 ff.

158 Vgl. oben S. 46.

159 Vgl. statt aller *Dütz*, Arbeitsrecht, RN 53.

160 Zur fehlenden Arbeitnehmer-Eigenschaft des Geschäftsführers einer Allgemeinen Ortskrankenkasse vgl. *BAGE* 9, 313 (318 f.).

2. Entgeltfestsetzungen

a) Fehlende Gesetzesvorgaben

Im Gegensatz zum Beamtenbesoldungs- und -versorgungsrecht kennt das Zivilrecht keine Gesetzesregelungen über Entgelte bei Dienst- und Arbeitsverträgen. Vielmehr gestattet die zivilrechtliche Privatautonomie als Ausdruck der Selbstbestimmung den Parteien grundsätzlich die freie Gestaltung von Verträgen in Form der Abschluß-, Partner- und Inhaltsfreiheit. Die Vertragsparteien sind daher nicht auf einen „gerechten" Lohn festgelegt, wobei dieser Begriff ohnehin teilweise nur als „Phantom" angesehen wird[162]. Grundsätzlich darf daher das Entgelt auch im krassen Mißverhältnis zur ausbedungenen Leistung stehen, solange es an den Voraussetzungen des § 138 Abs. 2 BGB, insbesondere an der „Ausbeutung" bestimmter subjektiver Umstände bei der anderen Vertragspartei fehlt. Das Zivilrecht erteilt also dem objektiven Äquivalenzprinzip, d. h. einem angemessenen Verhältnis von Leistung und Gegenleistung, eine Absage[163].

Infolgedessen kann der Wert einer Dienst- oder Arbeitsleistung von den Parteien frei bewertet werden, wobei allerdings auch die Marktgesetze von Angebot und Nachfrage zu berücksichtigen sind. Selbst Sozialversicherungsträger mit Dienstherrnfähigkeit müssen daher gegebenenfalls auf das Institut des Dienstvertrags ausweichen, wenn benötigte Fachkräfte, z. B. im Bereich der elektronischen Datenverarbeitung, sich nicht in das starre Schema des Beamtenbesoldungsrechts einpassen lassen, insbesondere wenn sie zuvor in der Privatwirtschaft tätig waren.

b) Einzelvertragliche Bezugnahmen auf Tarifrecht oder Beamtenrecht

Auf Grund der Vertragsfreiheit ist es den Vertragsparteien gestattet, auf außervertragliches Recht Bezug zu nehmen. Die Zulässigkeit derartiger Bezugnahmen oder Verweisungen ergibt sich schon aus der Überlegung, daß statt eines pauschalen Hinweises auch eine Einfügung der in Bezug genommenen Regelungen in vollem Wortlaut möglich wäre. Demgegenüber ist die pauschale Bezugnahme nicht nur einfacher, sondern sichert nach Art einer gleitenden oder dynamischen Gesetzesverweisung[164] die automatische Anpassung des Vertrages an das Verweisungsobjekt, d. h. den Tarifvertrag oder das Besoldungsgesetz, in seiner jeweiligen Fassung, wenn diese Folge von den Vertragsparteien gewollt ist.

---

161 Vgl. statt aller *Dütz*, Arbeitsrecht, RN 517.

162 So *Flume*, AcP 161, 1962, S. 52 (56).

163 *Larenz*, Allgemeiner Teil des deutschen Bürgerlichen Rechts, § 2 V, S. 45 ff.; *Raiser*, Vertragsfunktion und Vertragsfreiheit, in: Hundert Jahre deutsches Rechtsleben, Juristentag-Festschrift, Bd. I, S. 101 (S. 129 ff.).

164 Hierzu *Schneider*, Gesetzgebung, RN 385; *Staudinger/Merten/F. Kirchhof*, Art. 4 EGBGB RN 12.

aa) Bezugnahme auf einen Tarifvertrag

Nehmen die Parteien eines Arbeitsvertrages bei fehlender Tarifgebundenheit auf einen Tarifvertrag Bezug, so gilt der Tarifvertrag nur *schuldrechtlich*[165]. Denn die normative, d. h. die unmittelbare und zwingende Wirkung des Tarifvertrags beschränkt sich gemäß § 4 Abs. 1 TarifvertragsG auf die beiderseits Tarifgebundenen[166]. Soll die Normativität auf Dritte erstreckt werden, so bedarf es einer staatlichen Anordnung, z. B. einer Allgemeinverbindlicherklärung (§ 5 TVG)[167].

Kassenärztliche Vereinigungen sehen vielfach in ihren „Dienstordnungen" vor, daß der Bundesangestellten-Tarifvertrag (BAT) sowie die diesen ergänzenden oder ändernden Tarifverträge auf die Arbeitsverhältnisse der Angestellten entsprechende Anwendung finden. Da diese „Dienstordnungen" vom Vorstand und nicht als Satzung von der Vertreterversammlung beschlossen werden, stellen sie kein „Gesetz" im Sinne von § 78 Abs. 3 Satz 1 SGB V dar. Sie sind auch nicht als „sonstiges Recht" im Sinne dieser Bestimmung anzusehen. Dieser Begriff kann ähnlich wie in Art. 20 Abs. 3 GG nur das aus ungeschriebenen Rechtsnormen bestehende Gewohnheitsrecht meinen[168].

Eine betriebliche Übung durch regelmäßiges Wiederholen bestimmter Verhaltensweisen ist jedoch nicht als Gewohnheitsrecht zu begreifen. Ihre Bindungswirkung wird entweder über ein konkludent angenommenes Vertragsangebot oder durch einen einseitigen Verpflichtungstatbestand konstruiert[169].

Ungeachtet dessen können die Kassenärztlichen Vereinigungen schon deshalb nicht gegen das in § 78 Abs. 3 Satz 1 SGB V zum Ausdruck kommende Gesetzmäßigkeitsprinzip verstoßen, weil sie sich in ihren Dienstordnungen abweichende besondere Vertragsregelungen vorbehalten, wozu die Gewährung von Zulagen zählt. Aus diesem Grunde ist auch die Rechtsprechung des *Bundessozialgerichts*[170] zum Dienstordnungsrecht der Krankenkassen auf Kassenärztliche Vereinigungen nicht übertragbar. Denn hiernach war nach genehmigtem und die Krankenkassen bindendem Satzungsrecht grundsätzlich untersagt, gesetzlich oder dienstordnungsrechtlich nicht vorgesehene Zulagen zu gewähren. Entsprechende Regelungen fehlen für Kassenärztliche Vereinigungen.

---

165 Vgl. *Dütz*, Arbeitsrecht, RN 59.

166 Vgl. *BVerfGE 44*, 322 (347f.); *64*, 208 (215); auch *Schaub*, Arbeitsrechts-Handbuch, S. 136.

167 Vgl. *BVerfGE 61*, 208 (215).

168 Ebenso *Hess*, in: Kasseler Kommentar, § 78 SGB V RN 5; für Art. 20 Abs. 3 GG *Bettermann*, in: Rechtsschutz im Sozialrecht, S. 55ff.

169 Vgl. statt aller *Dütz*, Arbeitsrecht, RN 57.

170 Urt. vom 28. 2. 1980, SozR 2200 § 363 RVO Nr. 1.

bb) Verweisung auf Beamtenrecht

Einzelverträge können auch auf das Beamtenrecht Bezug nehmen, insbesondere wenn wegen der Höhe des Entgelts eine Zuordnung zu den Vergütungsgruppen des BAT nicht mehr möglich ist. Diese Bezugnahme ist vielfach auch in den Dienstordnungen vorgesehen.

Der Rechtsordnung sind insbesondere vertragliche Zusagen einer Versorgung „nach beamtenrechtlichen Grundsätzen" bekannt, wie § 52 Abs. 2 Satz 1 G 131 zeigt[171]. § 1587 a Abs. 2 Nr. 1 BGB stellt im Rahmen des Versorgungsausgleichs eine Versorgung oder Versorgungsanwartschaft „aus einem öffentlich-rechtlichen Dienstverhältnis" einer solchen „aus einem Arbeitsverhältnis mit Anspruch auf Versorgung nach beamtenrechtlichen Vorschriften oder Grundsätzen" gleich[172].

Wie bei der Bezugnahme auf Tarifverträge, so hat auch die Verweisung auf das Beamtenrecht nur *schuldrechtliche*, keine normative Wirkung, so daß die Parteien des Einzelvertrages jederzeit durch übereinstimmende Willenserklärungen Änderungen vornehmen können.

3. Beschränkungen der Vertragsfreiheit durch das Wirtschaftlichkeits- und Sparsamkeitsgebot

In gleicher Weise wie bei der Festsetzung der Entschädigung für ehrenamtliche Tätigkeit ist die Kassenärztliche Vereinigung bei Abschluß von Dienst- und Arbeitsverträgen für hauptamtliche Mitarbeiter wegen § 78 Abs. 3 Satz 3 SGB V zur Beachtung des § 69 Abs. 2 SGB IV verpflichtet.

a) Relativität des Wirtschaftlichkeits- und Sparsamkeitsgebots

Wie bereits ausgeführt[173], enthält die Verpflichtung auf die Grundsätze von Wirtschaftlichkeit und Sparsamkeit kein Absolutheitsgebot, sondern hat nur *relative* Bedeutung. Nach Wortlaut und Gesetzeszweck des § 69 Abs. 2 SGB IV ist die Aufgabenerfüllung vorrangig, so daß Wirtschaftlichkeit und Sparsamkeit, die im übrigen nicht als solche, sondern nur als „Grundsätze" zu „berücksichtigen" (und deshalb nicht zu „beachten") sind[174], nachrangig sein müssen.

---

171 Gesetz zur Regelung der Rechtsverhältnisse der unter Artikel 131 des Grundgesetzes fallenden Personen i.d.F. vom 13. 10. 1965 (BGBl. I S. 1686).

172 Vgl. dazu und zur Abgrenzung von betrieblichen Altersversorgungen *BGH*, Beschluß vom 27. 10. 1993, FamRZ 1994, S. 232ff. = MDR 1994, S. 485f.

173 Vgl. oben S. 30.

174 Vgl. oben S. 29f.

Aus dieser Rangordnung der Ziele folgt, daß die Kassenärztliche Vereinigung ihre Aufgaben nicht deshalb vernachlässigen oder schlecht erfüllen darf, weil Mitarbeiter auf Grund besonderer Umstände nur für höheres Entgelt als üblich zu gewinnen sind, sondern daß primär die Aufgaben zu erfüllen und bei der Einstellung hierfür unerläßlicher Mitarbeiter die Grundsätze von Wirtschaftlichkeit und Sparsamkeit mit zu berücksichtigen sind. Bei ungünstigen Verhältnissen am Arbeitsmarkt, einer Sondersituation in Ballungsgebieten, mangelndem Personalangebot in juristischen Berufen sind Mitarbeiter zwar nicht um „jeden Preis" zu beschäftigen, müssen aber notfalls durch höhere Besoldung, soziale Vergünstigungen oder andere Maßnahmen gewonnen werden. Höhere Entgelte oder zusätzliche Leistungen können nicht als solche „unwirtschaftlich" sein, weil „wirtschaftlich" und „sparsam" keine absoluten Begriffe sind, sondern in einer Relation stehen[175].

Es kommt auf ein angemessenes Verhältnis zwischen öffentlichem Mitteleinsatz und sozialem Nutzen, also auf eine Nutzen-Kosten-Relation an. Entscheidend ist nicht, ob die eingesetzten Mittel als solche hoch sind, sondern ob sie für das erstrebte Ziel angemessen sind und ob dieses Ziel nicht auch mit einem geringeren Aufwand zu erreichen gewesen wäre. Ein verengter Blick allein auf die Kosten kann bewirken, daß „wirtschaftliches Handeln gelegentlich teuer und sparsames Handeln bisweilen unwirtschaftlich ist"[176].

Die Personalkosten für einen jungen Assessor mit niedrigen Gehaltsforderungen können verschwendet sein, wenn dessen Rechtskenntnisse lückenhaft und dessen Arbeitsfreude und Arbeitseinsatz unzureichend sind. Dagegen können die wesentlich höheren Aufwendungen für einen aus der Privatwirtschaft abgeworbenen Spitzenjuristen mit brillanten Rechtskenntnissen, beeindruckender Überzeugungskraft und hohem Durchsetzungsvermögen als wirtschaftlich erscheinen. Wegen der Maßgeblichkeit des Ziel-Mittel-Verhältnisses kann der „naturgemäß unbestimmte Prüfungsmaßstab"[177] die Verwaltung nur in einem „Vertretbarkeitsspielraum" zwischen „Verschwendung und Kleinlichkeit" binden[178].

Eine Kontrolle, die diese Beurteilungs- und Einschätzungsprärogative der Verwaltung verkennt, muß „die Unabhängigkeit, Verwaltungskraft und Originalität der Verwaltung gefährden"[179], wobei zu berücksichtigen ist, daß den Trägern der Selbstverwaltung gerade im Bereich von Organisation und Personalwesen eine besondere Gestaltungsfreiheit zusteht[180].

---

175 Vgl. oben S. 30.

176 Vgl. *Stern*, Staatsrecht II, S. 438.

177 P. *Kirchhof*, NVwZ 1983, S. 505 (515); vgl. auch K. *Vogel*, DVBl. 1970, S. 193 (195 f.).

178 So P. *Kirchhof*, a.a.O..

179 So *Bank*, Über Umfang und Grenzen der Finanzkontrolle der Rechnungshöfe, AöR 80, 1955, S. 275; P. *Kirchhof*, a.a.O..

180 So *Seewald*, SGb. 1985, S. 51 (56 sub 7.3).

Bei der nur im Rahmen einer Vertretbarkeitskontrolle nachzuprüfenden Beurteilung von Wirtschaftlichkeit und Sparsamkeit ist ferner der fundamentale Unterschied zwischen den Sozialversicherungsträgern und den Kassenärztlichen Vereinigungen zu berücksichtigen[181]. So sind die Krankenversicherungsträger angesichts „detailbesessener Regulierungsintensität" des Gesetzgebers[182] „zur Vollzugsstelle von staatlicherseits bereits getroffenen Vorentscheidungen ohne eigene essentielle Entscheidungsbefugnis" geschrumpft[183].

Nach Auffassung des *LSG Nordrhein-Westfalen*[184] sind sie mit einem „minutiösen Vollzug der detaillierten Sozialgesetzgebung, gleichsam nach Art einer delegierten Staatsaufgabe" betraut, so daß sich Selbstverwaltung für sie „im wesentlichen nur bei der sogenannten organisatorischen Selbstdarstellung" finden läßt[185].

Demgegenüber haben die Kassenärztlichen Vereinigungen das Recht und die Pflicht, die ihnen zugewiesenen Aufgaben „weitgehend eigenverantwortlich zu lösen. ... Ihnen steht somit ein wesentlich weitergezogener Bereich an Selbstverwaltung und Eigenverantwortung offen", weil sie insbesondere die Rechte der Vertragsärzte gegenüber den Krankenkassen wahrzunehmen haben[186].

Im Rahmen ihrer berufspolitischen, gewerkschaftsähnlichen Funktion[187] müssen die Kassenärztlichen Vereinigungen die Ziele ihrer Rechts- und Interessenwahrnehmung definieren können, wobei die Rechtskontrolle sich auf die Einhaltung der Aufgabengrenzen zu beschränken hat. So kann es die Kassenärztliche Vereinigung für erforderlich halten, gerade in Zeiten heftiger sozialpolitischer Auseinandersetzungen um die Struktur und die Kosten der gesetzlichen Krankenversicherung hauptamtliche Mitarbeiter zu beschäftigen, deren Fähigkeiten sich nicht nur in der Beherrschung ausreichender Fachkenntnisse erschöpfen, sondern die beispielsweise ministerielle, parlamentarische oder journalistische Erfahrungen haben. Der letztlich mit Sozialversicherungsbeiträgen finanzierte „Verband Deutscher Rentenversicherungsträger" beschäftigt in seiner Geschäftsführung einen Professor der Rechtswissenschaften.

Jede Gleichsetzung der Kassenärztlichen Vereinigungen mit Krankenversicherungsträgern als bloßen Normvollzugsanstalten im Wege der Rechtskontrolle würde nicht nur das gesetzlich garantierte Selbstverwaltungsrecht schmälern, sondern die Kassenärztlichen Vereinigungen in den ihnen bei der Ausgestaltung der ver-

---

181 Vgl. hierzu oben S. 36ff.

182 So *Reiter*, DRV 1993, S. 657 (659 sub II 2).

183 *Schnapp*, in: Schulin, Handbuch des Sozialversicherungsrechts, Band 1: Krankenversicherungsrecht, § 52 RN 12.

184 Breithaupt 1979, S. 393 (405).

185 *LSG Nordrhein-Westfalen*, a.a.O..

186 *LSG Nordrhein-Westfalen*, a.a.O..

187 Vgl. oben S. 36.

tragsärztlichen Versorgung und der berufsständischen Interessenwahrnehmung zustehenden Grundrechten, insbesondere aus Art. 9 Abs. 3 GG[188], verletzen.

b) Homogenität in der öffentlichen Verwaltung als Solidaritätspflicht?

Für ein Rücksichtnahmegebot auf andere juristische Personen des öffentlichen Rechts bei Besoldungs- und Vergütungsregelungen finden sich unterschiedliche Begründungen in der Rechtsprechung.

Nach Auffassung des *Bundesverfassungsgerichts*[189] soll trotz der in Art. 109 GG verbürgten selbständigen Haushaltswirtschaft von Bund und Ländern aus dem ungeschriebenen Verfassungsgrundsatz der Bundestreue eine Gesetzgebungsschranke bei Besoldungsregelungen der Länder mit dem Inhalt folgen, daß „jedenfalls so viel Rücksicht auf die Besoldungsverhältnisse in Bund und Ländern" zu nehmen sei, „daß eine Erschütterung des gesamten Finanzgefüges von Bund und Ländern vermieden wird".

Nach Meinung des *Bundesverwaltungsgerichts*[190] verstößt es nicht gegen die Verfassung und das Tarifvertragsgesetz, wenn den Gemeinden für den öffentlichen Dienst durch Gesetz die Überschreitung von tariflichen Lohnsätzen untersagt wird, weil es mit den Grundsätzen einer ordnungsgemäßen Staatsverwaltung unvereinbar sei, daß die finanzstarken von finanzschwächeren Gemeinden dringend benötigte Angestellte durch bessere Bezahlung „abwerben" könnten.

Bei der Genehmigung einer Dienstordnung ist es nach Ansicht des *Bundessozialgerichts*[191] nicht beanstandenswert, „wenn die Aufsichtsbehörde bei ihrer Entscheidung darauf bedacht ist, daß die Dienststellenbewertung bei den Krankenkassen in gewissem Einklang mit dem übrigen Besoldungsgefüge des Landes steht und sich ihm sinnvoll einfügt". Bei dieser Genehmigung können nach den Urteilsgründen „durchaus auch übergeordnete Gesichtspunkte, wie sie für jede mittelbare Staatsverwaltung in Betracht kommt, zur Geltung gebracht werden", ohne daß das Gericht aufführt, um welche Gesichtspunkte es sich handelt und mit welchem Geltungsrang sie woraus hergeleitet werden.

Diese im einzelnen ganz unterschiedliche Rechtsprechung benutzt das *Bundessozialgericht*[192] als Stütze für ein Gebot, „Rücksicht auf die Besoldungsverhältnisse im gesamten öffentlichen Dienst zu nehmen".

Diese „Rücksichtnahme auf die Verhältnisse im übrigen öffentlichen Dienst" stellt dann in der Folgezeit eine Rechtsschranke für das Selbstverwaltungsrecht der

188 Vgl. hierzu oben S. 37.

189 *E 40*, 115 (140).

190 *E 18*, 135 (140f.).

191 *E 23*, 206 (209).

192 *E 31*, 247 (257).

Sozialversicherungsträger dar, wobei das *Bundessozialgericht* sie teilweise aus dem Element der Wirtschaftlichkeit gewinnt[193], sie teilweise aber auch ausdrücklich neben den Grundsatz der Wirtschaftlichkeit und Sparsamkeit stellt[194].

Allerdings hat sich das *Bundessozialgericht* stets gegen eine überdehnte und allzu pauschale Betrachtung der „Verhältnisse im übrigen öffentlichen Dienst" gewandt. Es verlangt nur, „im öffentlichen Dienst auf eine *gewisse* Stabilität und Homogenität Bedacht zu nehmen"[195].

So sieht es die Grenze des Notwendigen nicht als überschritten an, wenn ein Versicherungsträger höhere Weihnachtszuwendungen gewährt als der Bund sie seinen Beamten zugesteht, und führt aus: „Eine derartige schematische Betrachtungsweise würde den bei der einzelnen Körperschaft des öffentlichen Rechts gegebenen Verhältnissen nicht Rechnung tragen und deshalb zu Unbilligkeiten führen können"[196].

In *E 37*, 277 wendet sich das *Bundessozialgericht* gegen „eine zwangsweise Gleichschaltung des Dienstrechts der Berufsgenossenschaften mit dem staatlichen oder kommunalen Beamtenrecht", weil „die Eigeninteressen der Selbstverwaltungsträger und ihre besonderen Gegebenheiten" Berücksichtigung finden müßten. Ausdrücklich weist das Gericht (aaO, S. 278) darauf hin, daß „die inhaltliche Bestimmung, die angemessene Regelung der allgemeinen Anstellungsbedingungen und Rechtsverhältnisse der DO-Angestellten vorrangig den Berufsgenossenschaften" verbleiben, womit kraft Gesetzes den Organen der Selbstverwaltung ein Spielraum eingeräumt sei.

Unbeschadet der Frage, ob die frühere enge Rechtsprechung des *Bundessozialgerichts* nicht zuletzt infolge der heftigen Kritik in der Literatur[197] seit 1992 modifiziert wurde[198], bezieht sie sich stets nur auf Sozialversicherungsträger, nicht aber auf Kassenärztliche Vereinigungen. Schon innerhalb der Sozialversicherungsträger besteht keine Uniformität. So hebt das *Bundessozialgericht*[199] ausdrücklich hervor, daß auf Grund der Entstehungsgeschichte im Selbstverwaltungsbereich „die Berufsgenossenschaften im Verhältnis zu den übrigen Sozialversicherungsträgern am wenigsten gebunden sein sollten".

Dieses Differenzierungsgebot muß nun in weit stärkerem Maße für die Kassenärztlichen Vereinigungen gelten, weil diese nicht nur Träger mittelbarer Staatsverwaltung sind, sondern eine Doppelfunktion haben, die ihnen einen „weitergezoge-

---

193 Vgl. *BSGE 55*, 277 (280f.); *56*, 197 (199).

194 Vgl. *BSGE 47*, 21 (23); *56*, 197 (200 unten).

195 *E 37*, 272 (277), Sperrung nicht im Original.

196 *BSGE 31*, 247 (257).

197 Vgl. *Seewald*, SGb. 1985, S. 51ff.

198 Vgl. *BSGE 71*, 108ff.

199 *E 37*, 272 (276).

nen Bereich an Selbstverwaltung und Eigenverantwortung" öffnet[200] und sie zu Trägern berufspolitischer Rechts- und Interessenwahrung ihrer Mitglieder macht. Diese besondere Stellung innerhalb der öffentlichen Verwaltung zeigt sich auch daran, daß die Kassenärztlichen Vereinigungen anders als Sozialversicherungsträger keine Dienstherrnfähigkeit haben und für sie das Dienstordnungsrecht nicht gilt, das im Bereich der Sozialversicherungsträger zu einem Gleichklang und zu einer Gleichschaltung mit dem Beamtenrecht führen sollte. Die Diskrepanz zeigt sich ferner darin, daß der Gesetzgeber bei einer Neuordnung des Besoldungsrechts durch Art. VIII 2. BesVNG[201] zwar starre Besoldungsrahmen für die Geschäftsführung der Sozialversicherungsträger gegeben hat, in die Organisation und Vergütungsfreiheit der Kassenärztlichen Vereinigungen aber nicht eingegriffen hat. Sieht der Gesetzgeber aber trotz seiner Gesetzgebungskompetenz von einer Reglementierung ab und läßt er eine „bewußte" Lücke, so ist ein Umkehrschluß geboten[202], und kann nicht unter Rückgriff auf allgemeine Grundsätze und unter dem Deckmantel der „Wirtschaftlichkeit" eine Analogie betrieben werden. Auf diesen Gesichtspunkt macht auch das *Bundessozialgericht*[203] aufmerksam. „Solange der Bundesgesetzgeber von seiner Befugnis, das Dienstrecht der bundesunmittelbaren Versicherungsträger zu regeln, noch keinen Gebrauch macht – das ist bisher nicht der Fall -", so argumentiert das Gericht, könnten allgemeine Gesichtspunkte, wie z. B. die einer gewissen Stabilität und Homogenität im öffentlichen Dienst, keine „völlige Gleichschaltung des Dienstrechts der DO-Angestellten mit dem Beamtenrecht" begründen.

Das Fehlen gesetzlicher Einheitsregelungen und die Nichterstreckung des Dienstordnungsrechts auf Kassenärztliche Vereinigungen zeigen, daß diesen bewußt ein größerer Spielraum in der Selbstverwaltung belassen werden sollte, wie auch aus dem Auslaufen des Dienstordnungssystems für die Orts- und Innungskrankenkassen neue Chancen des Selbstverwaltungsrechts gesehen werden, um im personellen Bereich Handlungsfreiheit zu gewinnen[204].

Wirtschaftlichkeitsvergleiche lassen sich angesichts unterschiedlicher Verhältnisse zwischen Kassenärztlichen Vereinigungen und Sozialversicherungsträgern nicht ziehen. So sind auch nach Auffassung des *Bayerischen Landessozialgerichts*[205] „nur die jeweiligen Verhältnisse der betreffenden Körperschaft oder Anstalt des öffentlichen Rechts" maßgebend, so daß ein Maßstab, der beispielsweise für eine Kassenzahnärztliche Vereinigung angemessen ist, „dies für einen Träger der Sozialversicherung noch lange nicht zu sein" braucht. Aus diesem Grund hält das Gericht auch die Befürchtung, daß das von einer Kassenzahnärztlichen Verei-

200 *LSG Nordrhein-Westfalen*, Breithaupt 1979, S. 393 (405); auch oben S. 36 ff.

201 Vgl. oben S. 47 f.

202 Vgl. oben S. 11 f.

203 *E 37*, 272 (277).

204 Vgl. *Reiter*, DRV 1993, S. 664 sub II 3.

205 Breithaupt 1958, S. 193 (195f.).

nigung gegebene Beispiel bei den Trägern der Sozialversicherung Schule machen könnte, nicht ohne weiteres für begründet.

Wirtschaftlichkeitsvergleiche sind allenfalls durch Gegenüberstellung der einzelnen Kassenärztlichen Vereinigungen zu gewinnen. Auch hierbei ist jedoch zu beachten, daß das Ausmaß berufspolitischen Engagements Selbstverwaltungsangelegenheit der einzelnen Kassenärztlichen Vereinigung ist, was zur Folge haben kann, daß die eine Körperschaft infolge größerer Zurückhaltung weniger Mittel aufwendet und damit scheinbar „sparsamer" vorgeht als eine andere.

Zwischenergebnis:

a) Mangels Dienstherrnfähigkeit der Kassenärztlichen Vereinigungen und wegen Unanwendbarkeit des (ohnehin auslaufenden) Dienstordnungsrechts müssen die Mitarbeiter dieser Körperschaften des öffentlichen Rechts privatrechtlich beschäftigt werden. Im Rahmen der zivilrechtlichen Vertragsfreiheit können die Vertragsparteien auch auf außervertragliches Recht, z. B. Beamtenrecht und Tarifrecht, verweisen, wobei die in Bezug genommenen Regelungen nicht normativ, sondern nur schuldrechtlich gelten.

b) Unbeschadet der Verpflichtung der Kassenärztlichen Vereinigungen auf die Grundsätze von Wirtschaftlichkeit und Sparsamkeit kommt ihnen als Trägern der Selbstverwaltung gerade im Bereich von Organisation und Personalwesen eine besondere Gestaltungsfreiheit zu. Eine Rechtskontrolle dieser Beurteilungs- und Einschätzungsprärogative hat die berufspolitische und gewerkschaftsähnliche Funktion der Kassenärztlichen Vereinigungen zu achten, denen anders als den Sozialversicherungsträgern „ein wesentlich weitergezogener Bereich an Selbstverwaltung und Eigenverantwortung offensteht" (*LSG Nordrhein-Westfalen*).

c) Zwar bejaht das *Bundessozialgericht* eine „Rücksichtnahme auf die Verhältnisse im übrigen öffentlichen Dienst" als Rechtsschranke des Selbstverwaltungsrechts. Es lehnt jedoch „schematische Betrachtungsweisen" ab und wendet sich beispielsweise gegen „eine zwangsweise Gleichschaltung des Dienstrechts der Berufsgenossenschaften mit dem staatlichen oder kommunalen Beamtenrecht". Sollen nach Feststellung des Gerichts die Berufsgenossenschaften im Verhältnis zu den übrigen Sozialversicherungsträgern „am wenigsten gebunden sein", so muß dies erst recht für die Kassenärztlichen Vereinigungen gelten, die im Unterschied zu den Sozialversicherungsträgern mit der berufspolitischen Rechts- und Interessenwahrung betraut sind. Hat der Gesetzgeber bei der Neuordnung des Besoldungsrechts zwar starre Rahmen für die Geschäftsführung der Sozialversicherungsträger vorgegeben, in die Organisation und Vergütungsfreiheit der Kassenärztlichen Vereinigungen aber bewußt nicht eingegriffen, so muß diese bewußte Lücke respektiert und darf nicht unter Hinweis auf ein vages Wirtschaftlichkeitsprinzip konterkariert werden.

D. Ergebnis

1. Dem Sozialversicherungsrecht fehlen ausdrückliche Regelungen über die Vergütung ehrenamtlicher Tätigkeit bei Kassenärztlichen Vereinigungen. Die Regelungen der §§ 40f. SGB IV über Ehrenämter und Entschädigung für ehrenamtliche Tätigkeit sind ungeachtet des § 1 Abs. 1 SGB IV nicht anwendbar, weil sich die Bestimmungen kraft Gesetzeswortlauts und systematischen Zusammenhangs nur auf Sozialversicherungsträger beziehen, zu denen die Kassenärztlichen Vereinigungen nicht gehören. Eine analoge Gesetzesanwendung scheidet schon deshalb aus, weil es an einer Gesetzeslücke fehlt. § 79 Abs. 4 SGB V macht deutlich, daß der Gesetzgeber für die Kassenärztlichen Vereinigungen lediglich § 42 Abs. 1 bis 3 SGB IV hinsichtlich der Organhaftung übernehmen wollte, so daß im Wege des Umkehrschlusses eine Anwendbarkeit der §§ 40f. SGB IV ausscheidet.

2. Aus dem Begriff der ehrenamtlichen Tätigkeit als solchem lassen sich Grenzen für Vergütungsregelungen nicht ableiten. Ehrenamtliche Tätigkeit ist eine nebenberufliche Tätigkeit und steht im Gegensatz zu hauptamtlicher oder hauptberuflicher Tätigkeit. Ehrenamtliche Tätigkeit verlangt keine unentgeltliche Aufgabenwahrnehmung. Ohnehin bedeutet Unentgeltlichkeit nicht Kostenlosigkeit. Im dogmatischen Sinne sind unentgeltliche Leistungen vielmehr solche Leistungen, die von den Parteien nicht als äquivalente Gegenleistung angesehen werden (z. B. Kosten oder Aufwendungsersatz). Im Laufe der Zeit sind aber Entschädigungen für ehrenamtliche Tätigkeiten zu einer „Selbstverständlichkeit" geworden. Selbst die entgeltliche Wahrnehmung von Aufgaben wird heute als mit dem Begriff ehrenamtlicher Tätigkeit vereinbar angesehen, und auch der Begriff „Entschädigung" steht einer Vergütung nicht entgegen.

3. Als Haushaltsprinzip findet sich das Wirtschaftlichkeitsgebot in den Verfassungen und im Haushaltsrecht von Bund und Ländern. Hierbei ist es teilweise nur als Kontrollnorm für die Rechnungshöfe ausgestaltet. Zwar kann hieraus auch eine korrespondierende Bindungsnorm für die Verwaltung abgeleitet werden. Sie muß sich jedoch inhaltlich mit dem Umfang der Rechnungskontrolle decken, so daß Art. 114 GG nicht für Kassenärztliche Vereinigungen als landesunmittelbare Körperschaften des öffentlichen Rechts gelten kann. Entsprechendes Landesverfassungsrecht ist auf Kassenärztliche Vereinigungen in deren Geltungsbereich wiederum nicht anwendbar, weil für die Ableitung einer Bindungsnorm die Gesetzgebungskompetenz des Landes erforderlich wäre. Die Regelung vertragsärztlicher Angelegenheiten steht jedoch gemäß Art. 74 Nr. 12 GG dem Bund zu. Das haushaltsrechtliche Wirtschaftlichkeitsgebot im Landesverfassungsrecht beschränkt sich auf die Aufstellung und Ausführung des Haushaltsplans, ohne die gesamte

Verwaltungstätigkeit des Landes einschließlich der landesunmittelbaren juristischen Personen des öffentlichen Rechts zu erfassen. Da die Kassenärztlichen Vereinigungen keine Haushaltsmittel verwalten und auch keine Zuschüsse aus dem Landeshaushalt erhalten, sind die haushaltsrechtlichen Vorschriften auf sie nicht anwendbar.

4. Das Fünfte Buch Sozialgesetzbuch enthält zwar eine Vielzahl von Einzelregelungen, die „Wirtschaftlichkeit“ gebieten und hinsichtlich der zu erbringenden Leistungen „Notwendigkeit“, „Erforderlichkeit“ oder „Zweckmäßigkeit“ verlangen. In der Mehrzahl der Fälle geht es jedoch allein um die Wirtschaftlichkeit der *Leistungserbringung*, so daß im Wege sogenannter Rechts- oder Gesamtanalogie ein allgemeiner Rechtsgrundsatz des Wirtschaftlichkeitsgebots im Gesamtbereich der gesetzlichen Krankenversicherung nicht zu gewinnen ist. Die Regelungen des § 4 Abs. 3 und 4 SGB V sind für Kassenärztliche Vereinigungen nicht entsprechend anwendbar.

5. Entstehungsgeschichte und systematische Stellung machen deutlich, daß § 274 SGB V anders als § 78 Abs. 3 Satz 1 SGB V eine reine Beratungsprüfung ohne jede Sanktionsmöglichkeit statuiert. Da bei einer Beratung grundsätzlich dem Beratenen die freie Entscheidung darüber zusteht, ob er dem Rat folgen will oder nicht, kann aus der Prüfung der Wirtschaftlichkeit keine Pflicht zur Beachtung abgeleitet werden. § 274 SGB V begründet daher kein über die bisherigen Regelungen hinausgehendes Wirtschaftlichkeitsgebot für die Kassenärztlichen Vereinigungen.

6. a) Gemäß §§ 78 Abs. 3 Satz 2 SGB V i.V.m. 69 Abs. 2 SGB IV haben die Kassenärztlichen Vereinigungen bei Aufstellung und Ausführung des Haushaltsplans sicherzustellen, daß sie die ihnen obliegenden Aufgaben unter Berücksichtigung der Grundsätze der Wirtschaftlichkeit und Sparsamkeit erfüllen können. Da die Sicherstellung der Aufgabenerfüllung vorrangiges Gesetzesziel ist, werden Wirtschaftlichkeit und Sparsamkeit modifiziert, wobei diese darüber hinaus nicht zu „beachten“, sondern nur in ihren „Grundsätzen“ zu „berücksichtigen“ sind, womit eine geringere normative Bindungswirkung ausgedrückt wird.

b) In Anlehnung an die Wirtschaftswissenschaften kann Wirtschaftlichkeit als das Prinzip formuliert werden, entweder mit gegebenen Mitteln ein Ziel bestmöglich zu verwirklichen oder ein bestimmtes Ziel mit kleinstmöglichen Mitteln zu realisieren. Sparsamkeit betrifft die Mittelverwendung und fordert „unter Abwägung aller zu berücksichtigenden Umstände den geringstmöglichen Einsatz an Mitteln“. In der öffentlichen Verwaltung kommt es jedoch anders als in der Privatwirtschaft nicht entscheidend auf Gewinnoptimierung und Höhe des finanziellen Ertrags an. Im Bereich der Staatstätigkeit steht vielmehr der Nutzen für die Allgemeinheit im Vordergrund, der sich vielfach nicht quantifizieren läßt, insbesondere wenn der Gesetzgeber keine festumrissenen Geldleistungen vorgibt, sondern der Verwaltung die Bestimmung ihrer Ziele weitgehend selbst überläßt.

c) Hat der Gesetzgeber den Kassenärztlichen Vereinigungen das Selbstverwaltungsrecht verliehen, so darf die Aufsichtsbehörde diese Entscheidung nicht unterlaufen und über die Haushaltskontrolle die Gesetzmäßigkeitskontrolle in eine Zweckmäßigkeitskontrolle und damit die Rechtsaufsicht zu einer Fachaufsicht ausweiten. Vielmehr steht den Kassenärztlichen Vereinigungen hinsichtlich der Wirtschaftlichkeit und Sparsamkeit ein Einschätzungs- und Beurteilungsspielraum zu, so daß wirtschaftlich vertretbare Entscheidungen der Selbstverwaltungskörperschaft aufsichtsrechtlich hinzunehmen sind. Nur bei „offenkundigen" oder „schwerwiegenden" Verstößen oder einer Verletzung des Willkürverbots ist ein Einschreiten der Rechtsaufsicht gerechtfertigt.

d) Jede Rechtskontrolle hat zudem die Besonderheiten der Kassenärztlichen Vereinigungen zu berücksichtigen. Sie bestehen zum einen in der zusätzlichen Funktion, die Rechte und Interessen der Mitglieder zu wahren (vgl. § 75 Abs. 2 Satz 1 SGB V). Diese berufsständische Aufgabe gebietet eine restriktive Interpretation der Wirtschaftlichkeits- und Sparsamkeitskontrolle, weil diese anderenfalls unter dem Deckmantel der „Unwirtschaftlichkeit" eine sozialpolitisch unerwünschte Interessenwahrung behindern könnte. Zum anderen ist zu beachten, daß die Mittel für die Aufgabenwahrnehmung der Kassenärztlichen Vereinigungen anders als bei den Versicherungsträgern nicht aus den Versicherungsbeiträgen fließen, sondern von den Vertragsärzten aufgebracht werden. Da es sich somit um private Mittel handelt, das Ziel der Wirtschaftlichkeitskontrolle aber auf die sparsame Verwendung öffentlicher Mittel gerichtet ist, gebietet der Normzweck wiederum eine enge Interpretation der Kontrollbefugnis.

e) Die Grundsätze von Wirtschaftlichkeit und Sparsamkeit werden verletzt, wenn die Kassenärztlichen Vereinigungen ihren Aufgabenkreis überschreiten, weil jede gesetzwidrige Aufgabenwahrnehmung im Falle der Verwendung von Finanzmitteln auch unwirtschaftlich ist. Eine weitere ungeschriebene Schranke stellt das Verbot des Rechtsmißbrauchs dar. Eine die Rechtskontrolle zum Einschreiten berechtigende offenkundige Unwirtschaftlichkeit liegt nur vor, wenn unter Zugrundelegung ärztlicher Verhältnisse und bei Berücksichtigung selbst von Spitzeneinkommen Pauschalentschädigungen in keinem vernünftigen Verhältnis zu Umfang und Dauer ehrenamtlicher Tätigkeit stehen.

7. a) Mangels Dienstherrnfähigkeit der Kassenärztlichen Vereinigungen und wegen Unanwendbarkeit des (ohnehin auslaufenden) Dienstordnungsrechts müssen die Mitarbeiter dieser Körperschaften des öffentlichen Rechts privatrechtlich beschäftigt werden. Im Rahmen der zivilrechtlichen Vertragsfreiheit können die Vertragsparteien auch auf außervertragliches Recht, z. B. Beamtenrecht und Tarifrecht, verweisen, wobei die in Bezug genommenen Regelungen nicht normativ, sondern nur schuldrechtlich gelten.

b) Unbeschadet der Verpflichtung der Kassenärztlichen Vereinigungen auf die Grundsätze von Wirtschaftlichkeit und Sparsamkeit kommt ihnen als Trägern der

Selbstverwaltung gerade im Bereich von Organisation und Personalwesen eine besondere Gestaltungsfreiheit zu. Eine Rechtskontrolle dieser Beurteilungs- und Einschätzungsprärogative hat die berufspolitische und gewerkschaftsähnliche Funktion der Kassenärztlichen Vereinigungen zu achten, denen anders als den Sozialversicherungsträgern „ein wesentlich weitergezogener Bereich an Selbstverwaltung und Eigenverantwortung offensteht" (*LSG Nordrhein-Westfalen*).

c) Zwar bejaht das *Bundessozialgericht* eine „Rücksichtnahme auf die Verhältnisse im übrigen öffentlichen Dienst" als Rechtsschranke des Selbstverwaltungsrechts. Es lehnt jedoch „schematische Betrachtungsweisen" ab und wendet sich beispielsweise gegen „eine zwangsweise Gleichschaltung des Dienstrechts der Berufsgenossenschaften mit dem staatlichen oder kommunalen Beamtenrecht". Sollen nach Feststellung des Gerichts die Berufsgenossenschaften im Verhältnis zu den übrigen Sozialversicherungsträgern „am wenigsten gebunden sein", so muß dies erst recht für die Kassenärztlichen Vereinigungen gelten, die im Unterschied zu den Sozialversicherungsträgern mit der berufspolitischen Rechts- und Interessenwahrung betraut sind. Hat der Gesetzgeber bei der Neuordnung des Besoldungsrechts zwar starre Rahmen für die Geschäftsführung der Sozialversicherungsträger vorgegeben, in die Organisation und Vergütungsfreiheit der Kassenärztlichen Vereinigungen aber bewußt nicht eingegriffen, so muß diese bewußte Lücke respektiert und darf nicht unter Hinweis auf ein vages Wirtschaftlichkeitsprinzip konterkariert werden.

Literaturverzeichnis

Arnim, Hans Herbert von: Wirtschaftlichkeit als Rechtsprinzip, 1988

Bank, Bernhard: Über Umfang und Grenzen der Finanzkontrolle der Rechnungshöfe, AöR 80, 1955, S. 261 ff.

Bethge, Herbert: Zum Begriff der Selbstverwaltung in der Rechtsprechung des Bundessozialgerichts, in: Vierteljahresschrift für Sozialrecht, 1980, S. 237 ff.

Bettermann, Karl August: Bindung der Sozialbehörden an Gesetz und Recht, in: Rechtsschutz im Sozialrecht, Beiträge zum ersten Jahrzehnt der Rechtsprechung des Bundessozialgerichts, 1965, S. 47 ff.

– Grenzen der Grundrechte, 1968

Bieback, Karl-Jürgen: Verfassungsrechtliche Probleme der Vereinheitlichung der Besoldung der Angestellten und Arbeiter der Sozialversicherungsträger, in: Vierteljahresschrift für Sozialrecht 1979, S. 111 ff.

Bley, Helmar / *Kreikebohm*, Ralf: Sozialrecht, 7. Aufl., 1993

Blomeyer, Arwed: Allgemeines Schuldrecht, 3. Aufl., 1964

Bogs, Harald: Die Sozialversicherung im Staat der Gegenwart, 1973

Bonner Kommentar, Kommentar zum Bonner Grundgesetz, gegründet 1950, Stand: 1994

Bull, Hans Peter: Maßstäbe und Verfahrensvorschriften für die Tätigkeit der Aufsichtsbehörden nach dem Sozialgesetzbuch, in: Vierteljahresschrift für Sozialrecht 1977, S. 113 ff.

Canaris, Claus-Wilhelm: Die Feststellung von Lücken im Gesetz, 2. Aufl., 1983

Creifelds, Carl: Rechtswörterbuch, 12. Aufl., 1994

Dütz, Wilhelm: Arbeitsrecht, 2. Aufl., 1994

Enneccerus, Ludwig/*Nipperdey*, Hans Carl: Allgemeiner Teil des Bürgerlichen Rechts, 2 Halbbände, 15. Aufl., 1959

Forsthoff, Ernst: Der Staat als Auftraggeber, 1963

Friauf, Karl Heinrich: Das Verhältnis zwischen Selbstverwaltung und Aufsicht, in: Deutsche Rentenversicherung 1982, S. 113 ff.

Gitter, Wolfgang: Sozialrecht, 3. Aufl., 1992

GK-SGB IV, Gleitze/Krause/von Maydell/Merten, Gemeinschaftskommentar zum Sozialgesetzbuch – Gemeinsame Vorschriften für die Sozialversicherung, 2. Aufl., 1992

Hanau, Peter: Die Bedeutung des Art. VIII 2. BesVNG für Tarifverträge zur Regelung der Arbeitsverhältnisse von Dienstordnungsangestellten der Sozialversicherungsträger, 1978

Hauck, Karl/ *Haines*, Hartmut: Sozialgesetzbuch SGB V, 2 Bände, Stand: 1. Januar 1994

Jarass, Hans D./*Pieroth*, Bodo: Grundgesetz für die Bundesrepublik Deutschland, Kommentar, 3. Aufl., 1995

Jörg, Michael: Das neue Kassenarztrecht, 1993

Kasseler Kommentar, Sozialversicherungsrecht, 2 Bände, Stand: 1. Februar 1994

Kirchhof, Paul: Die Steuerung des Verwaltungshandelns durch Haushaltsrecht und Haushaltskontrolle, in: Neue Zeitschrift für Verwaltungsrecht 1983, S. 505 ff.

Krause, Peter: Aufsicht in der Sozialversicherung, in: Sozialrechtsprechung. Verantwortung für den sozialen Rechtsstaat. Festschrift zum 25jährigen Bestehen des Bundessozialgerichts, Bd. I, 1979, S. 185 ff.

Krauskopf, Dieter u.a.: Soziale Krankenversicherung, SGB V, und Nebengesetze, 3. Aufl., 1993

Larenz, Karl: Allgemeiner Teil des deutschen Bürgerlichen Rechts, 7. Aufl., 1989

– Methodenlehre der Rechtswissenschaft, 6. Aufl., 1991

Luhmann, Niklas: Kann die Verwaltung wirtschaftlich handeln?, in: Verwaltungsarchiv Bd. 51, 1960, S. 96 ff.

Maunz, Theodor/*Dürig*, Günter: Grundgesetz, Kommentar, 1994

Maurer, Hartmut: Allgemeines Verwaltungsrecht, 9. Aufl., 1994

Medicus, Dieter: Schuldrecht I, Allgemeiner Teil, 7. Aufl., 1993

Merten, Detlef: Die negative Garantiefunktion der verfassungsrechtlichen Berufs- und Ausbildungsfreiheit, in: Mensch und Arbeitswelt, Festschrift für Josef Stingl, 1984, S. 285 ff.

– Das Recht des öffentlichen Dienstes in Deutschland, in: Magiera/Siedentopf (Hg.), Das Recht des öffentlichen Dienstes in den Mitgliedstaaten der Europäischen Gemeinschaft, 1994, S. 181 ff.

– Verfassungsrechtliche Grundlagen, in: Schulin (Hg.), Handbuch des Sozialversicherungsrechts, Bd. 1: Krankenversicherungsrecht, 1994, § 5, S. 145 ff.

Münch, Ingo von (Hg.): Grundgesetz-Kommentar, Bd. 3, Art. 70 bis Art. 146, 2. Aufl., 1983

Münchener Rechtslexikon, Bd. I, 1987

Oertmann, Paul: Entgeltliche Geschäfte, Abhandlungen zum Privatrecht und Zivilprozeß, Bd. 23, Heft 3, 1912

Palandt, Heinrich: Bürgerliches Gesetzbuch, 52. Aufl., 1993

Peine, Franz-Joseph: Allgemeines Verwaltungsrecht, 1994

Peters, Horst: Handbuch der Krankenversicherung, 19. Aufl., 1994

Reiter, Heinrich: Die Selbstverwaltung als Organisationsprinzip der Sozialversicherung, in: Deutsche Rentenversicherung 1993, S. 657 ff.

Rößler, Gerhard: Zur Verfassungswidrigkeit des § 3 Nr. 12 EStG, in: Betriebs-Berater 1994, S. 1401 ff.

Rüfner, Wolfgang: Einführung in das Sozialrecht, 2. Aufl., 1991

Saemisch, Friedrich E.M.: Das Kontrollwesen und die Entlastung, in: Anschütz/Thoma, Handbuch des Deutschen Staatsrechts, Bd. II, 1932, S. 446ff.

Schaub, Günter: Arbeitsrechts-Handbuch, 7. Aufl., 1992

Schewe, Dieter: Die Beschwörung des „Wirtschaftlichen" im neuen SGB V – ein Vergleich der 65 Nennungen des „Wirtschaftlichen" und 35 ähnlicher Begriffe, in: Die Sozialgerichtsbarkeit 1989, S. 410ff.

Schnapp, Friedrich E.: Aufsicht und Finanzprüfung, in: Schulin (Hg.), Handbuch des Sozialversicherungsrechts, Bd. 1: Krankenversicherungsrecht, 1994, § 52, S. 1289ff.

Schneider, Hans: Gesetzgebung, 2. Aufl., 1991

Schuppert, Gunnar Folke: Die Steuerung des Verwaltungshandelns durch Haushaltsrecht und Haushaltskontrolle, in: Veröffentlichungen der Vereinigung der Deutschen Staatsrechtslehrer, Heft 42, 1984, S. 216ff.

Seewald, Otfried: Wirtschaftlichkeit und Sparsamkeit aus der Sicht des Bundessozialgerichts, in: Die Sozialgerichtsbarkeit 1985, S. 51ff.

Staudinger, Julius von: Kommentar zum Bürgerlichen Gesetzbuch mit Einführungsgesetz und Nebengesetzen, 12. Aufl.

Stern, Klaus: Das Staatsrecht der Bundesrepublik Deutschland, Bd. II: Staatsorgane, Staatsfunktionen, Finanz- und Haushaltsverfassung, Notstandsverfassung, 1980

Stober, Rolf: Der Ehrenbeamte in Verfassung und Verwaltung, 1981

Ule, Carl Hermann: Zum neuen Besoldungsrecht der Dienstordnungsangestellten, in: Vierteljahresschrift für Sozialrecht, 1976, S. 305ff.

– Verwaltungsprozeßrecht, 9. Aufl., 1987

Vogel, Klaus: Verfassungsrechtliche Grenzen der öffentlichen Finanzkontrolle, in: Deutsches Verwaltungsblatt 1970, S. 193ff.

Wigge, Peter: Zur Verfassungsmäßigkeit der Altersgrenze von 55 Jahren im Vertrags(zahn-)arztrecht bei erstmaliger Zulassung, in: Die Sozialgerichtsbarkeit 1994, S. 310 ff.

Wiegand, Dietrich: Kassenarztrecht, 2. Aufl., 1991

Wolff, Hans J./*Bachof,* Otto/*Stober,* Rolf: Verwaltungsrecht I, 10. Aufl., 1994

– Verwaltungsrecht II, 5. Aufl., 1987

FSC
www.fsc.org
MIX
Papier | Fördert gute Waldnutzung
FSC® C083411

Kolibri 360 GmbH
Ferdinand-Jühlke-Straße 7
99095 Erfurt, Deutschland
produktsicherheit@kolibri360.de

Druck:
CPI Druckdienstleistungen GmbH
im Auftrag der
Kolibri 360 GmbH
Ferdinand-Jühlke-Str. 7
99095 Erfurt